MÄRKISCHE
HERRENSITZE

STUDIEN ZUR GESCHICHTE VON NEUHARDENBERG 8

gefördert durch die Robert Bosch Stiftung, Stuttgart

Herausgeber:
Heimatverein Neuhardenberg e.V.

Gesamtleitung:
Dietmar Zimmermann
Heimatverein Neuhardenberg e.V.

Karl-Marx-Allee 97
15320 Neuhardenberg
Tel./Fax 033476-50430

Gerd-Ulrich Herrmann, Fred Nespethal und Ulrich Pfeil

MÄRKISCHE HERRENSITZE
IM WANDEL DER ZEITEN

NEUHARDENBERG, GUSOW, FRIEDERSDORF UND SONNENBURG

Michael Imhof Verlag
Petersberg 2002

© Michael Imhof Verlag, Stettiner Straße 25, D-36100 Petersberg
Tel. 0661/9628286; Fax 0661/63686, Verkehrsnummer: 12854

Gestaltung und Reproduktion: Michael Imhof Verlag
Druck: Fuldaer Verlagsagentur, Fulda

Printed in EU

ISBN 3-935590-49-0

INHALT

VORWORT

Das Ortsbild des heutigen Neuhardenberg ist ein einzigartiges Ensemble von überregionaler bauhistorischer Bedeutung. Der große Anger mit der dominanten Schinkelkirche und der offene Schlossplatz geben der Ortsmitte das markante Aussehen.

Seit über 200 Jahren nahezu unverändert erhalten geblieben in seiner Anlage beeindruckt der Ort den Besucher und es stellen sich Fragen nach den Baumeistern, den Gartenarchitekten und den Menschen im Ort. Die Aufteilung in den dörflichen und den herrschaftlichen Bereich ist klar erkennbar und doch offen gelöst, ohne eine harte Abgrenzung der Bereiche untereinander. Geschickte städtebauliche Lösungen zeugen vom Einfühlungsvermögen und Können der Bauherren. Und es zeigt sich, dass der märkische Adel häufig ortsbildprägend wirkte, die jeweiligen Standesherren und Gutsbesitzer nicht nur als Bauherren ihrer eigenen Schlösser und Wirtschaftsgebäude wirkten.

Besonders eindrucksvoll ist dies an Neuhardenberg erkennbar. Vorhandene Pläne zur Neugestaltung des Ortes durch den damaligen Standesherren Friedrich Wilhelm Bernhard von Prittwitz konnten nach dem Dorfbrand 1801 in erweiterter Form realisiert werden. Und während Adelsgeschlechter oftmals den Namen ihres Ortes auch im Familiennamen tragen, wurde Neuhardenberg 1814 umbenannt, weil der preußische Reformer und Staatskanzler Karl August Fürst von Hardenberg seine Standesherrschaft in das ehemalige Quilitz verlegte.

Vorliegende Publikation soll die Bedeutung des märkischen Adels für die Entwicklung ihrer Orte erhellen, ihre Rolle in der wirtschaftlichen Entwicklung, im politischen Zeitgeschehen und für die bauliche Gestaltung der Orte aufzeigen. Insbesondere in der Mark Brandenburg ließ sich von der Größe und Ausstattung der Herrenhäuser die wirtschaftliche Leistungskraft der Güter ableiten. Kriegsbedingte Folgen und die Negierung des Adels zu DDR-Zeiten ließen vieles in Vergessenheit geraten, anderes wurde aus ideologischen Gründen in einer falschen Sicht dargestellt. Vorliegende Publikation soll die geschichtlichen Fakten darstellen und an ausgewählten Beispielen das Spektrum der Adelsgeschlechter und ihrer Leistungen erhellen.

Neuhardenberg hat eine besondere Geschichte, dokumentiert durch die Ortsumbenennungen und den bedeutenden Standesherren und seine neu beginnende überregionale Ausstrahlung mit dem neuen Eigentümer, dem Deutschen Sparkassen- und Giroverband und z. B. dem Nachbarort Gusow, wo im Gegensatz zu Neuhardenberg nicht einmal mehr Rückübertragungsansprüche geltend gemacht wurden. Albrecht Daniel Thaer, dessen 250. Geburtstag in diesem Jahr in Möglin begangen wird, und die Frau von Friedland in Kunnersdorf sind bekannt für die Einführung moderner Agrar-Methoden. Oder eben auch Friedersdorf mit den Familien von der Marwitz und Sonnenburg, einem heutigen Ortsteil von Bad Freienwalde und dem Besitzer von Ribbentrop. Auf geografisch sehr engem Raum lassen sich beispielhaft die Bedeutung des märkischen Adels und seine bis heute reichenden geschichtlichen Spuren darstellen, letztere sollen Anregung geben, sich weiter mit der Geschichte zu beschäftigen – Adelsgeschichte ist zumeist in den Orten nicht nur Familiengeschichte, sondern auch Heimatgeschichte im positiven Sinne.

Dank gebührt allen, die den Heimatverein Neuhardenberg e. V. bei der Herausgabe dieses Buches unterstützten. Dieser Band 8 der „Studien zur Geschichte von Neuhardenberg" ist konsequente Fortsetzung der 1997 begonnenen Buchreihe zur Schließung von Wissenslücken in der Dorf- und Heimatgeschichte.

Den ehrenamtlich tätigen Autoren Gerd-Ulrich Herrmann (Strausberg), Fred Nespethal (Neuhardenberg) und Ulrich Pfeil (Bad Freienwalde) gebühren der Dank für die schriftliche Darstellung der Ortsgeschichte(n), der Robert Bosch Stiftung (Stuttgart) für die finanzielle Unterstützung und dem Michael Imhof Verlag für die bewährte unkomplizierte Umsetzung dieses Buchprojektes.

Allen Lesern wünsche ich viel Spaß bei der Lektüre und recht viele neue Erkenntnisse.

Dietmar Zimmermann
(1. Vorsitzender Heimatverein Neuhardenberg e. V.)

Fred Nespethal

QUILITZ-NEUHARDENBERG
Ein Edelstein in Preussens Krone und Erbe

1. Quilitz – Neuhardenberg – Marxwalde – Neuhardenberg
Ein geschichtsträchtiger Ort

Wer auf den Spuren Theodor Fontanes die Gegend zwischen Bad Freienwalde und Seelow erkundet, trifft auf viele interessante Orte, so unter anderem Möglin, Sonnenburg, Kunersdorf, Altfriedland, Gusow,
Friedersdorf, Lietzen und Tempelberg mit ihren Herrenhäusern, Schlös-
sern, Kirchen, Wirtschaftsgebäuden, Bauernhöfen und Landarbeiter-
katen.
Verbunden sind sie mit Namen von Adelsgeschlechtern wie denen derer v. Barfuß, v. Lestwitz, v. Itzenplitz, v. Schapelow, v. Derfflinger, v. Podewils, v. Pfuel, v. d. Marwitz, von Agrarexperten wie der „Frau von
Friedland", Albrecht Daniel Thaer, Johann Gottlieb Koppe, Adolf
Schmelzer, mit Ordensbrüdern der Templer und Johanniter, aber auch
ihrer unzähligen fleißigen Mitbewohner, Mitarbeiter und Untertanen.
Eingebettet in diese Landschaft liegt das Dorf mit dem wohl häufigsten Namenswechsel: Quilitz – Neuhardenberg – Marxwalde – Neuhardenberg, heute mit den 1998 eingemeindeten Dörfern Altfriedland
und Wulkow sowie den Ortsteilen Bärwinkel, Gottesgabe, Karlsdorf
und Neufeld.[1]
Schon diese Namen sind Ausdruck der wechselvollen Vergangenheit
nicht nur unseres Ortes, sondern auch vieler Jahre preußisch-deutscher
Geschichte.
Seine heute wieder wie ein Schmuckstück er-
strahlenden Sehenswürdigkeiten wie Schloss,
Park und Kirche, die Wohn- und Wirtschafts-

1. Wappen von Neuhardenberg;
Quelle: Heimatverein Neuhardenberg

gebäude und öffentlichen Einrichtungen sind sichtbare Zeugnisse der Ideen und des Schaffens vieler bekannter und unbekannter Menschen wie unseres Namensgebers Karl August Fürst v. Hardenberg und seiner Nachfahren, vor ihnen der Pfuel, Schapelow und Beerfelde, der Kurfürstin Dorothea von Brandenburg, der Markgrafen Albrecht und Carl, von Joachim Bernhard und Sohn Friedrich Wilhelm Bernhard v. Prittwitz , von Bauherren und Architekten wie Karl Friedrich Schinkel, Wilhelm Bode, Carl Langhans, Vater Carl Friedrich und Sohn Johann Heinrich Neubart, Deichbaumeister Gotthilf Heyfelder, Zimmermeister Lindner, Gartenarchitekten wie Jacob Grael, Peter Joseph v. Lenné und Herrmann Fürst v. Pückler.

Der „Edelstein" Neuhardenberg würde ohne die vielen tüchtigen Landarbeiter, Bauern, Handwerker und anderen Werktätigen aus den seit hunderten von Jahren hier ansässigen Familien wie u. a. der Butzke, Köpping, Petersdorff, Schirrmeister, Wernecke, ohne die Pfarrer wie Johann Tobias Boehmer, die Lehrer wie Ernst Tietze, die Bürgermeister wie Friedrich und Christian Hildebrand, Martin Köpping und Franz Wernecke nicht so hell erstrahlen.

In jüngster Zeit machten auch der erste Deutsche im Weltall Sigmund Jähn und der mehrfache Olympiasieger im Gewichtheben Ronny Weller unser Dorf bekannt.

Gegenwärtig ist die „Stiftung Schloss Neuhardenberg" unter ihrem Generalbevollmächtigten Bernd Kauffmann ein kultureller Leuchtturm, der weit über unsere Orts- und Landesgrenzen ausstrahlt und viele Besucher anlockt.

Der „Förderverein Schinkel-Kirche" setzt sich aktiv für die Rekonstruktion dieses wertvollen Baudenkmales ein.

Die Grundschule, die Kindergärten, der Kinderring, die Bibliothek, der Handwerkerverein, die Ortsgruppe der Volkssolidarität, der Chor, der Carnevalsverein, die Feuerwehr, der Sportverein „Fortuna", der erfolgreiche Athletenklub und Rentnertreffs bieten jungen und alten Einwohnern ein vielfältiges Freizeitbetätigungsfeld. Der rührige Flugmodellsportklub richtete 1998 in Neuhardenberg eine Weltmeisterschaft aus.

In Altfriedland mit dem ehemaligen Nonnen-Zisterzienserkloster (1271 - 1546), dem „Langen Haus", den Seen und Fischteichen sowie in Wulkow mit dem Schloss der Adelsgeschlechter Schapelow (1361 - 1684), Derfflinger (1684 - 1792), Pannewitz (1792 - 1825) und Brünneck (1825

- 1945), der alten Feldsteinkirche und dem einstigen KZ-Außenlager engagieren sich Bürger für den Erhalt historischer Stätten und die Verschönerung ihrer Wohnumwelt. Dabei entwickeln der Altfriedländer Verein „LANGES HAUS" Altfriedland mit seinen Ausstellungen, dem umfangreichen Angebot von historischen Ortsgängen und Wanderungen, dem jährlichen Fischerfest sowie der „Förderverein Kirche Wulkow" mit seinen Bemühungen zur Renovierung der Kirche viele Initiativen.

2. Ruine Kloster Altfriedland (Refektorium); Foto: Heimatverein Neuhardenberg

3. Schloss Wulkow; Foto: Heimatverein Neuhardenberg

4. Brauchtumspflege in der „Alten Schule", Trachtengruppe des Heimatvereins;
Foto: Heimatverein Neuhardenberg

Die Liste der Autoren, die über Quilitz-Neuhardenberg, seine Men-
schen und deren Geschichte viel Interessantes und Wissenswertes auf-
geschrieben haben, würde Seiten füllen.
Sie reicht von Theodor Fontane, mit seinem 1863 erschienenen Band
„Das Oderland" im Rahmen seiner „Wanderungen durch die Mark
Brandenburg" bis zur in diesem Jahr herausgegebenen Biographie des
Staatskanzlers Karl August Fürst v. Hardenberg von Hans Bentzien und
den „Erinnerungen" von Reinhild Gräfin von Hardenberg. Eine kleine
Auswahl von Schriften über Neuhardenberg ist im Anhang dieses Ar-
tikels zusammengestellt.
Seit seiner Gründung am 18.07.1991 bemüht sich unser Heimatverein
örtliche Geschichte, Traditionen und Brauchtum wachzuhalten und zu
fördern. Hierbei haben sich solche Vereinsmitglieder wie der langjähri-
ge Vorsitzende Dietmar Zimmermann, die Gründungsinitiatorin Heid-
run Tretner, Frieda Werkmeister, Lothar Banse, Frank Munzig, die Ehe-

5. Einweihung Ausstellung „Geteilt – Vereint – Gefunden" in Bonn, 30.03.2000; v. l. n. r.: Frank Munzig, Dietmar Zimmermann, Carola Fasching, Reinhild Gräfin v. Hardenberg, Friedrich-Carl Graf v. Hardenberg. Foto: Heimatverein Neuhardenberg

paare Walburg und Christian Kupke sowie Gudrun und Siegfried Lahmer besonders verdient gemacht.

Höhepunkte unseres Wirkens waren z. B. der Aufbau des im August 1997 eröffneten Heimathauses, die 650-Jahrfeier 1998, der Ausbau der „Alten Schule" mit dem Projekt „Tradition und Brauchtumpflege", die Teilnahme an Ausstellungen und Veranstaltungen der Robert Bosch Stiftung im Rahmen des Förderprogramms „Orte deutscher Geschichte in den neuen Bundesländern" u. a. in Rastatt, Bonn, München, Kiel, Berlin, Stuttgart, Braunschweig, Leipzig und auch bei uns, unsere eigene Ausstellung, die wir u. a. zum 250. Geburtstag des Fürsten Karl August v. Hardenberg im Brandenburgischen Landtag Potsdam, in unseren Partnergemeinden Hamminkeln und Dingden, in Nörten-Hardenberg, im Freilichtmuseum Altranft zeigten, unser 1. Geschichtsforum am 30. Juni 2001 anlässlich 300 Jahre Preußen, 200 Jahre Dorfbrand und 10 Jahre Heimatverein. Enge Kontakte pflegen wir über die Ortsgrenzen hinaus u. a. mit dem

6. Dr. Volker von Prittwitz (im Vordergrund) beim ersten Geschichtsforum am 30.06.2001
in der Schinkelkirche Neuhardenberg; Foto: Walburg Kupke

Förderverein „Alter Berliner Garnisonfriedhof", dem „Viadrina-Museum Frankfurt/O.", dem „Haus Birkenweg" Letschin, dem Historischen Verein Rastatt und dem Brandenburgischen Freilichtmuseum Altranft. Dieser jetzt vorliegende, nun schon 8. Beitrag im Rahmen der Schriftenreihe des Heimatvereins „Studien zur Geschichte von Neuhardenberg" versucht, an ausgewählten Beispielen das Wirken von adligen Familien für unseren Ort sichtbar zu machen getreu den von Ullrich v. Prittwitz zitierten Worten Friedrich II. *„Das Kind lerne, daß alle Menschen gleich sind und die Geburt, wenn sie nicht durch Verdienste unterstützt wird, eine Chimäre ist."*[2]
Zugleich wollen wir versuchen zu zeigen, daß Quilitz-Neuhardenberg ein Edelstein in der Krone und im Erbe Preußens ist. Dabei sind wir bei allem Lokalpatriotismus nicht der Ansicht, dass wir der einzige oder hellste Edelstein im und am Rande des Oderbruches oder darüber hinaus sind und daß sich auch in unserer Geschichte nicht nur Licht, sondern auch dunkle Schatten preußisch-deutscher Vergangenheit widerspiegeln.

2. Das alte Quilitz 1348 - 1679

„Die Geschichte von Quilitz bis zum Jahre 1763 ist arm und dunkel.“ Einspruch, ehrenwerter Fontane. *„Der Besitz wechselte vielfach, ...“*, das stimmt, aber *„... so daß wir einer Menge Namen begegnen, ohne weiter etwas zu haben als eben diese Namen“,*[3] diese Feststellung ist heute überholt. Das haben wir besonders Dr. Heinrich Kaak und Dr. Eckard Rüsch zu verdanken. Ihre Forschungsergebnisse zum alten Quilitz sind im Buch „Quilitz – Marxwalde – Neuhardenberg“ veröffentlicht.
Angelegt sein soll unser Ort schon zwischen 1200 und 1230. Der erste schriftliche Nachweis als Zollstelle, die noch bis 1805 existierte, stammt bisher aber erst aus dem Jahre 1348.
Deshalb betrachten wir dieses Datum auch als Geburtsjahr von Quilitz, wie unser Dorf annähernd 500 Jahre bis 1814 hieß.

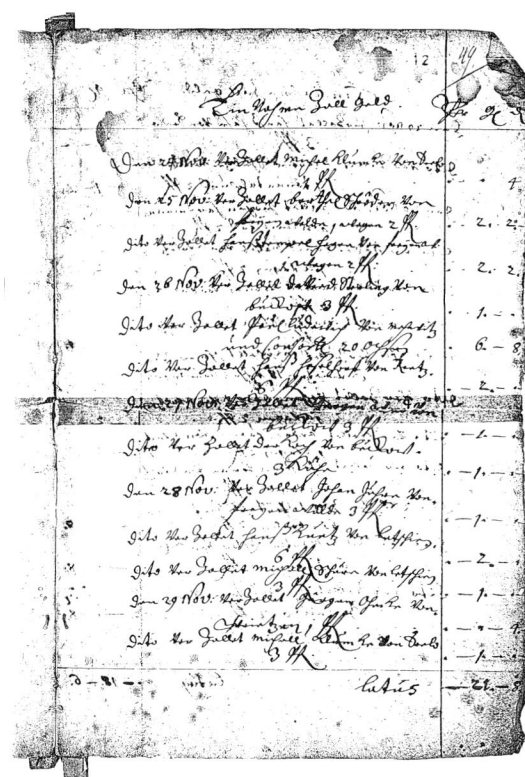

7. Zollregister vom 24.11.1679;
Quelle: BLHA Pr. Br. Rep 37
Nr. 147, Blatt 12

Als erste Lehnsträger werden 1387 und 1400 Namen wie v. Gerlachsdorf und v. Hohendorf, die über Anteile von Quilitz und den halben Zoll verfügten, genannt. Danach tauchten die v. Beerfelde (1413), v. Schapelow (1433), v. Pfuel (1475 - 1679), v. Barfuß (1496) und v. Ritterfort (1652) auf. Also doch viele Namen mit wechselndem Besitz, aber auch viele neue Erkenntnisse, die für Laien oft verwirrend sind.

Am häufigsten werden dabei die Adelsgeschlechter der Pfuel und Schapelow genannt, die im Oderbruch über viele Besitzungen verfügten. So waren die Schapelows auch zeitweise Standesherrn u. a. von Friedersdorf und Gusow, die Pfuels von Friedersdorf, Möglin, Prötzel und Schulzendorf.

Interessant für uns ist, dass Quilitz schon seit dem 15. Jahrhundert als größtes Dorf des Lebuser Landes mit drei Rittersitzen erwähnt wird. Die Pfuels saßen dort, wo heute das Schloss steht, die anderen beiden Rittersitze befanden sich an der heutigen Gaststätte „Am Zollhaus" und „am Fließ", heute Karl-Marx-Allee 102.

Es ist offensichtlich, die Ländereien in und um Quilitz waren sehr zersplittert und wechselten häufig ihren Besitzer. Die plündernden, mordenden und sengenden Söldner im Dreißigjährigen Krieg von 1618 - 1648 mit der Pest im Gefolge hinterließen auch in Quilitz ihre blutige Todesspur. Die Pest von 1632 forderte 365 Todesopfer. Nur 168 von 625 Einwohnern überlebten den Krieg. Viele Gehöfte wurden zerstört, Ansiedlungen waren lange unbewohnt, Äcker lagen brach, die adligen Besitzer waren hoch verschuldet. Als Ausweg blieb nur der Verkauf ihrer Besitzungen.

Im Heimathaus Neuhardenberg befinden sich Kopien von Dokumenten aus dem im Brandenburgischen Landeshauptarchiv (BLHA) lagernden Bestand des ehemaligen Neuhardenberger Gutsarchivs aus den Jahren 1471 (Schapelow und Pfuel), 1592 und 1632 (Baltzar v. Pfuel), 1644 (die erste Erwähnung von Neu-Quilitz, heute Neudorf), 1654 (George v. Ritterfort) und ein Zollregister vom 24.11.1679.

Wer aber das nach 1571 geschaffene wertvolle Pfuel-Epitaph, das lange zum Schmuck der im Dreißigjährigem Krieg zerstörten Quilitzer Kirche gehörte, besichtigen will, muss sich nach Schulzendorf begeben. Der Grund dafür ist, dass die Pfuels es aufkauften und 1747 in der Schulzendorfer Kirche anbringen ließen. Die Zeit, als die Pfuels auf Quilitz saßen, war schon 68 Jahre vorbei.[4]

3. Die Ära der Kurfürstin Dorothea von Brandenburg und ihrer markgräflichen Erben 1679 - 1762

In diesen rund 80 Jahren erhielt Quilitz seinen ersten Schliff als Edelstein.

1679 bis 1681 erwarb die als Dorothea von Brandenburg bekannte zweite Frau des „Großen Kurfürsten" die drei heruntergekommenen Rittergüter weit unter Wert für 19 300 Reichstaler und vereinte diese.

1670 hatte sie die Herrschaft Schwedt als Hausmacht für ihre Kinder gekauft. Schon 1684 vermachte Dorothea ihre Quilitzer Besitzungen ihrem zweitältesten Sohn Albrecht Friedrich. Nach dem Tode seiner Mutter 1689 übernahm dieser als späterer Markgraf von Brandenburg-Sonnenburg sein Erbe und war so Standesherr auf Quilitz, als sein

8. Dorothea von Brandenburg; Quelle: Holzstich nach einem Gemälde von J. Vaillant, undatiert

Stiefbruder 1701 in Königsberg sich selbst als Friedrich I. zum ersten König in Preußen krönte.

Albrecht vergrößerte seinen Quilitzer Besitz durch die Herrschaft Friedland und die Dörfer Pritzhagen und Ringenwalde. Die Auswirkungen des Dreißigjährigen Krieges wurden auch in Quilitz Schritt um Schritt überwunden. Der Markgraf wollte repräsentieren und vor Ort eine Residenz aufbauen. So wurde der Schwedter Hof- und Lustgärtner Jacob Grael geholt, der hier einen „Schloßgarten" schuf. Das Schloss kam aber über die Kellerräume nicht hinaus, denn 1717 erhielt der Markgraf Friedrichsfelde bei Berlin als Residenz. Dafür wurde aber Quilitz zum Geburtsort für den späteren berühmten Baumeister Johann Friedrich Grael (1708 - 1740). Seine Kindheit verbrachte er im aufwendigen zweigeschossigen Gartenhaus, das zwischen der Kirche und dem Park stand und auch vom Markgrafen bei seinen Aufenthalten genutzt wurde. Für die Jagd wurden ein Pferde- und ein Hundestall errichtet.

Nach dem Tode des Markgrafen Albrecht Friedrich 1731 übernahm sein
ältester Sohn Markgraf Carl Albrecht das Erbe. Auch er hielt sich kaum
in Quilitz auf, sondern im Schloss Friedrichsfelde und im Berliner Or-
denspalais am Wilhelmsplatz. Trotzdem ließ er in Quilitz einige Bauten errichten, so 1737 - 1747 eine neue massive Barockkirche, 1742 - 1745
nach Plänen von Baumeister Heyder Wirtschaftsgebäude und 1746 -
1751 ein Amtshaus an Stelle des aufgegebenen Schlossbaus.

Bis 1734 stieg die Zahl der Einwohner wieder auf 831. Nach einer Zäh-
lung von 1751 wohnten damals im Dorf 37 Bauern-, 29 Kossäten- und
23 Büdnerfamilien.

Damals muss um Quilitz schon Wein angebaut worden sein, denn
schon 1728 existierte hier ein „Weinmeister Haus" und 1749 wurde die
Reparatur des „Press Hauses im Weinberg zu Quilitz" erwähnt. Andere Quellen verzeichnen schon 1609 einen „Weinmeister" und 1679 einen „Weinberg". Über die Qualität schweigen die Chronisten. Böse
Zungen behaupten, dass er so sauer gewesen sein soll, dass er die Löcher
in den Strümpfen zuzog.

1744 wurde Markgraf Carl noch mit Neu-Quilitz, Quappendorf, Rosenthal und Goerlsdorf belehnt. Außerdem ließ er umfangreiche Melio-
rationen durchführen und zahlreiche Kolonistendörfer anlegen.
1757/59 war Kiehnwerder im Lande Lebus die erste derartige Neu-
gründung. Andere trugen alle den Namen des Markgrafen, so u. a.
Karlsfließ (heute Neufeld), Karlsbiese, Karlshof, Karlsfelde, Karlshorst,
Karlsburg, Karlsvorwerk. Bei seinem Tode 1762 umfassten seine Besitzungen nun Alt- und Neu-Quilitz, Altfriedland, Quappendorf, Pritzhagen, Ringenwalde, Rosenthal, Nieder-Görlsdorf.

Markgraf Carl hatte zwar keinen erbberechtigten Sohn, aber wie damals
oft üblich, eine Mätresse aus der späteren Verwandtschaft des Adels-
geschlechts der Finkensteins. Carl bedachte in seinem Testament diese
Dorothea Carlowitz mit Quilitz, aber König Friedrich II. sagte „Nein".
Also fiel Quilitz zurück an die Krone.

4. Die Prittwitz-Ära 1763 - 1811

4.1 Der Vater: General und 1763 - 1793 Standesherr auf Quilitz

Seit 1762 wurden die Besitzungen des verstorbenen Markgrafen Carl von der königlichen Domänenkammer verwaltet, waren mit heutigen Worten Staatsbesitz und eine Belastung für die Staatskasse. Also schnell wieder – wie heute – in Privateigentum überführen. Dazu tobte der Siebenjährige Krieg mit seinen Siegen und Gebietsgewinnen, aber auch Niederlagen und furchtbaren Verlusten an Material und Menschen, adligen Offizieren und noch mehr einfachen Soldaten für Preußen.

Der König verteilte für Kriegsverdienste an Überlebende aus dem Adel nicht nur Orden, sondern an Stelle des knapp gewordenen Geldes auch Land und Güter, machte so aus Offizieren Gutsbesitzer. So wurden zwei von ihnen, die Oberstleutnante v. Lestwitz und v. Prittwitz, 1763 mit den Ämtern Friedland und Quilitz bedacht, weil nach Fontane der eine den Staat, der andere den König gerettet hatte: *„Lestwitz a sauvé l'état, Prittwitz a sauvé le roi."*[5]

Hans Siegmund v. Lestwitz, der Sieger der Schlacht von Torgau (3.11.1760) erwarb 1765 Kunersdorf dazu. Seine Tochter Helene Charlotte, bekannt als legendäre „Frau von Friedland", entwickelte von 1788 bis zu ihrem Tode 1803 den ererbten Besitz zum landwirtschaftlichen Musterbetrieb, hoch gelobt auch von Albrecht Daniel Thaer und Friedrich Ludwig v. d. Marwitz.

Tochter Henriette Charlotte (1772 - 1848) und ihr Mann Peter Ludwig Graf v. Itzenplitz (1768 - 1834) setzten diese Tradition erfolgreich fort und machten zudem Kunersdorf zu einem „Musentempel". Sie empfingen dort viele Gäste, wie die Brüder Alexander und Wilhelm v. Humboldt, den Freiherrn v. Stein, die Bildhauer Christian Daniel Rauch, Christian Friedrich Tieck und Johann Gottfried Schadow, den Komponisten Karl Friedrich Zelter, den Schriftsteller Adelbert v. Chamisso.

Für Quilitz und Alt-Friedland, heute einträchtig eine Gemeinde, war viele Jahre der Stobber nicht nur Grenzfluss zwischen beiden Orten, sondern auch zwischen den Kreisen Lebus und Oberbarnim. Streitigkeiten zwischen Nachbarn gibt es des Öfteren und das zu allen Zeiten. Ungewöhnlich ist aber ein 43-jähriger „Seekrieg" von 1765 - 1808 zwischen beiden Dörfern. Dieser wurde, wie 250 Aktenstücke beweisen, nicht nur vor verschiedenen Gerichtsinstanzen, sondern handgreiflich, mit gegenseitigen Festnahmen und Inhaftierungen von „Grenzverletzern" geführt. Anlass waren Streitigkeiten um die Fischerei sowie das Recht, Hanf und Flachs im Kietzer See zu röten. Besonders hartnäckig war in diesem Kampf die resolute „Frau von Friedland", während es die beiden Generale der Infanterie und Kavallerie Lestwitz und Prittwitz gelassener sahen.

Für ihre Untertanen ging es dagegen um wirtschaftliche Existenzfragen. Für die Alt-Friedländer war die Fischerei eine wichtige Erwerbsquelle, denn jeder dritte Einwohner lebte davon, für 120 Quilitzer Familien war es der Hanf- und Flachsanbau, ebenfalls wichtig war für sie grünes Schilf als Viehfutter, für beide Rohr zum Dachdecken.

Höhepunkt der schlagkräftigen Auseinandersetzung war die „Seeschlacht" auf dem Kietzer See am 15. August 1796 zwischen der aus 2 Kähnen bestehenden Friedländer Flotte und den mit Knüppeln und Stangen im Wasser kämpfenden Quilitzern. Sieger sollen die auch mit einem Jagdgewehr ausgerüsteten Alt-Friedländer gewesen sein. Den gerichtlichen Waffenstillstand durch eine Grenzregulierung 1808 erlebte die kämpferische Helene Charlotte v. Friedland nicht mehr.

Beschäftigen wir uns aber etwas näher mit dem neuen Quilitzer Standesherrn v. Prittwitz, denn die nur 48-jährige Vater-Sohn-Prittwitz-Ära von 1763 - 1811 war der zweite Schliff zum „Edelstein", gab dem Ort entscheidend sein künftiges Gepräge.

Am 18. April 1763 unterschrieb König Friedrich II. folgendes Dokument: *„Wir Friedrich von Gottes Gnaden ... urkunden und bekennen hiermit, daß Wir in Gnaden resovirt haben, die Aemter Quilitz und Rosenthal, welche unser vielgeliebter Vetter, der nun in Gott ruhende Markgraf Carl besessen, nach dessen im vorigen Jahr erfolgten Absterben, Unserem getreuen Joachim Bernhard von Prittwitz, Oberst-Lieutenant des von Zieten'schen Husaren-Regiments, in Ansehung der Uns von ihm geleisteten vieljährigen rühmlichen Kriegsdienste zu schenken, und zu Manneslehn zu conferiren ...."*[6]

Wer war nun der Mann, der für 30 Jahre Standesherr von Quilitz mit seinen nun schon über 1000 Einwohnern sein sollte, und wo kam er her? Joachim Bernhard von Prittwitz, geboren am 3.2.1726 – und nicht, wie auf seiner Grabtafel in der Neuhardenberger Kirche 1727 – entstammt einem seit 1125 nachweisbaren Adelsgeschlecht. Ihren Stammsitz hat-

*9. Wappen der Familie Prittwitz; Quelle: Familiengeschichte –
Zeitgeschichte von Prittwitz und Gaffron*

ten die Prittwitz in Schlesien, wo sie seit dem 14.
Jahrhundert rund 300 Güter besaßen und viele
bekannte Militärs hervorbrachten.
Schon 1241 fochten Vorfahren gegen die Mongolen,
andere in der 1. Hälfte des 16. Jahrhunderts gegen
die Tataren. Ein in maurischen Kriegsdiensten ste-
hender Prittwitz soll im Schachspiel während der Kreuz-
züge eine Mohrenprinzessin besiegt haben, was heute noch
im Familienwappen sichtbar ist und der Familie den Scherznamen
„Brettfizer" oder „Schachnowicer" einbrachte.
Allein im Siebenjährigen Krieg (1756 - 1763) fielen aus dem Geschlecht
der Prittwitz acht im Dienste Preußens stehende Offiziere. Der ältere
Bruder des Joachim Bernhard v. Prittwitz starb auf der anderen Seite
der Front als sächsischer Fähnrich.
Zu den bekannten Militärs dieses Geschlechts zählen u. a. General Karl
v. Prittwitz (1790 - 1871), Befehlshaber der preußischen Truppen bei der
Niederschlagung der 48er-Revolution in Ber-
lin, General Max v. Prittwitz (1848 - 1917),
zeitweise Chef der 8. Armee im I. Weltkrieg bis zum Oberstleutnant der
Bundeswehr a. D. Christian v. Prittwitz, der zur Ehrenwache am Sarge
Friedrichs II. bei dessen Über-
führung nach Potsdam-Sanssouci
am 17.8.1991 gehörte.
Der bekannteste und berühmteste
ist aber „unser" Joachim Bernhard
v. Prittwitz (1726 - 1793), der legendäre Retter des Preußenkönigs Fried-

*10. General Joachim Bernhard von Prittwitz;
Quelle: Familiengeschichte – Zeitgeschichte
von Prittwitz und Gaffron*

rich II. vor der Gefangenschaft durch die Russen in der für die Preußen verlustreichen und verlorenen Schlacht von Kunersdorf östlich von Frankfurt/Oder am 12.8.1759.

Joachim Bernhard wurde 67 Jahre alt und diente seit seinem 15. Lebensjahr 55 Jahre und 8 Monate im preußischen Waffenrock. Er brachte es vom Fahnenjunker bis zum Kommandeur der legendären Elitetruppe der Zieten-Husaren, zum General und Inspekteur der Kavallerie sowie engen Vertrauten des Königs. Davon zeugen über 25 noch vorhandene Briefe des Königs an seinen Retter und viele Gemälde, die Prittwitz in der Umgebung des Königs zeigen. Fontane schildert, dass er bei seinen Besuchen 1860 und 1862 im Schloss Neuhardenberg noch zwei Gemälde von Joachim Bernhard v. Prittwitz, eines mit dem „Alten Fritz", gemalt 1786 von Bardou, betrachtet hat.[7] Zu den Denkmalen, die Leistungen des verdienstvollen Generals würdigen, gehört neben seiner Darstellung mit dem Nachbarn v. Lestwitz auf dem Denkmal für Friedrich II. in Berlin, Unter den Linden, wenn auch nur in Rückansicht, auch der Obelisk im Schlosspark von Rheinsberg. Auf diesem, vom Bruder Friedrichs II., Prinz Heinrich, der vor 250 Jahren am 3. August 1802 verstarb, um 1790 errichteten Denkmal zu Ehren von 28 verdienstvollen Generalen des Siebenjährigen Krieges ist in der deutschen Übersetzung des französischen Textes durch Fontane u. a. zu lesen: *„von Prittwitz, General der Kavallerie. Er diente sowohl unter den Dragonern und Husaren und zeichnete sich aus durch seine Tapferkeit in mehreren Schlachten, wo er zugegen war. Dieses erwarb ihm die besondere Achtung des Königs, der ihm das Regiment Gendarmes erteilte, das er noch jetzt befehligt* (1775 bis zu seinem Tode 1793) *und sich immer schätzbarer macht durch seinen Eifer und seine Tätigkeit."*[8]

Erstmalig wandte Prittwitz sich 1758 als Leutnant, wie die meisten Offiziere knapp bei Kasse, mit einem 82 Zeilen langen Bittgedicht an seinen König. Die letzten Zeilen lauteten:

„Ach Friedrich, mein König, komm reich mir die Hand.
Ich will dir zeitlebens die schuldigen Pflichten
Gewissenhaft, treulich, aufrichtig verrichten."

Dieses Versprechen hielt Prittwitz bis über des Königs Tod 1786 hinaus. Heute noch für jeden sichtbarer Ausdruck seiner Verehrung ist das von ihm im Neuhardenberger Park 1792 errichtete erste Denkmal für Friedrich den Großen. Und die damalige Antwort?

„Wer dieses so artig in Verse gebracht,
Dem werden 500 Dukaten vermacht.
Ich bin Euer wohlaffectionirter König Friedrich"[9]
Die ständigen Geldsorgen wurde Joachim Bernhard aber erst durch die
Heirat mit der vermögenden Witwe geb. Freiin Seher-Thoß los. Er hatte sie nach einem Gefecht im Krieg kennen gelernt und mit einer Aus-
nahmegenehmigung des Königs schon zehn Monate später, am
16.12.1762 geheiratet.
Nach Abschluss des Siebenjährigen Krieges kam dann am 18. April 1763
als drittes Königsgeschenk das Amt Quilitz, ab 1769 vererbbares Eigentum, dazu. Nun war Joachim Bernhard nicht nur militärischer Befehlshaber, Ehemann, Vater, sondern auch als Standesherr verantwortlich für seine Untertanen und für einen Landwirtschaftsbetrieb.
Das bedeutete mehr Verantwortung, aber auch neue, bisher unbe-
kannte Probleme und Sorgen.
Das Oderbruch kannte er aus seiner früheren zeitweisen Stationierung
in Schwedt, Wriezen und Bad Freienwalde, aber nur als Soldat, nicht
in seiner neuen zivilen Funktion neben seiner Hauptaufgabe als leitender Militär, der in Friedenszeiten vom König auch mit anderen Aufgaben betraut wurde, wie z. B. 1765 der Untersuchung der Tauglich-
keit des Finow-Kanals für die Schifffahrt oder 1767 von Betrügereien
in der Berliner Münze.
Selbstverständlich gab es in Quilitz einen Stab von Fachleuten, die den
Gutsbetrieb in Gang hielten und mit strenger Hand die Aufsicht über
die zahlreichen Untertanen mit ihren umfangreichen Verpflichtungen
gegenüber ihrem Standesherrn führten.
Das war auch erforderlich, weil Joachim Bernhard v. Prittwitz, wie später auch sein Sohn Friedrich Wilhelm, ihren Hauptwohnsitz in Berlin,
Ecke Leipziger- und Wilhelmstraße hatten.
Über den Bau des Quilitzer Schlosses ist ja die Anekdote sehr verbreitet, dass der König diesen mit den Worten *„Prittwitz, er baut ja ein Schloß;*
er will ja hoch hinaus"[10] entscheidend beeinflusst hat. Ob der Alte Fritz
wirklich in dieser Zeit in Quilitz war und die Mahnung wirklich aus-
sprach, ist historisch genauso wenig nachweisbar wie der Ort und die
genaue Wortwahl Friedrichs II. zur Urbarmachung des Oderbruchs. Tatsache ist, dass das Quilitzer Schloss von 1785 - 1790 als eingeschossige
Dreiflügelanlage errichtet wurde und der 1786 verstorbene König ein

11. Schloss Quilitz erbaut ca. 1785 bis 1790; Archiv Heimatverein

Jahr vor seinem Tode keine seiner anstrengenden Inspektionsfahrten mehr unternahm.

Eine andere Anekdote rankt sich um die tatsächlichen Schwierigkeiten, die Prittwitz um 1770 bei der Separation seiner Untertanen hatte. Danach soll Friedrich der Große Quilitzer Bauern, die sich bei ihm in Berlin beschweren wollten, mit den Worten *„Also, ihr Quilitzer, ihr wollt euch nicht separiren, dann bleibt mir nichts übrig, als euch selbst zu separieren"*[11] mit erhobenem Krückstock davongejagt haben.

Erfolgreicher waren dagegen die Quappendorfer in ihrem Streit um Dienstleistungen mit Prittwitz. Sie gingen, wie heute im Jahr 2002 ihre Nachfahren, gegen den Zusammenschluss mit Neuhardenberg vor Gericht und siegten damals. Durch einen im Heimathaus noch vorhandenen gerichtlichen Vergleich vom 3. Dezember 1770 wurden alle klagenden 11 Quappendorfer Fischer frei von allen Abgaben und Dienstleistungen bis auf einen jährlichen Grundzins von 25 Talern, Lieferung von 35 Fuhren Mist und Arbeiten in der Heuernte für die Standesherrschaft Quilitz. Nur der Lehnsschulze, der nicht mitgeklagt hatte, musste weiter 16 Taler Zins zahlen, Aale und Hechte abliefern und *„die herrschaftlichen Officianten so oft sie nach Quappendorf kamen zu speisen und ihre Pferde zu füttern."*[12]

Ob die heutigen Quappendorfer mit ihrer Klage Recht bekommen? Warten wir es ab.

Wer mehr über die bewegte Zeit in Quilitz bis Ende des 18. Jahrhunderts erfahren will, findet viel Interessantes und Wissenswertes in den Beiträgen „Das alte Quilitz" und „Die Quilitzer Bevölkerung im 18.

Durchlauchtigster Fürst!
Gnädigster Fürst und Herr!

Sans Souci
bey Potsdam d. 24t Oct.
1783

ganz unterthänigster
Knecht v. Prittwitz

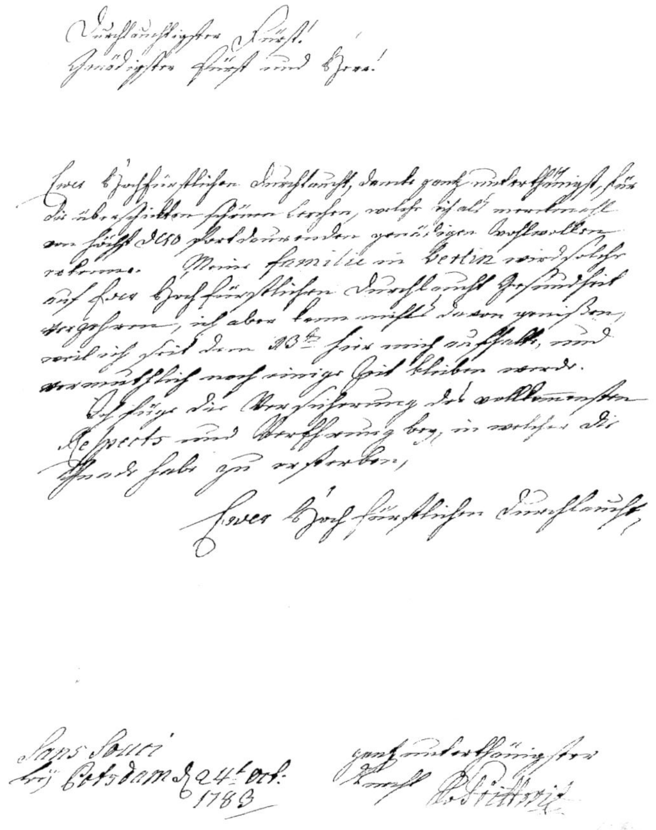

12. Brief General Joachim Bernhard von Prittwitz 1783; Quelle: Olaf Prüfer, Schwedt/Oder

Jahrhundert" von Dr. Heinrich Kaak in „Quilitz – Marxwalde – Neuhardenberg". Im Archiv der Neuhardenberger Kirche ist das einzige Dokument vor Ort mit Unterschrift und Siegel von Joachim Bernhard v. Prittwitz als Quilitzer Standesherr aufbewahrt. Es ist datiert vom 23.10.1782 und beinhaltet die Mitteilung über die Entlassung von Kantor Walter und die Einstellung von Kantor Pracht.

Im Heimathaus befinden sich Kopien eines Briefes des Generals vom 24. Oktober 1783 und des 20-seitigen Testaments des Ehepaares Prittwitz vom 25. März 1783.

Als Joachim Bernhard zehn Jahre später am 4. Juni 1793 in Berlin verstarb, hinterließ er seine Ehefrau, eine Tochter und zwei Söhne. Das

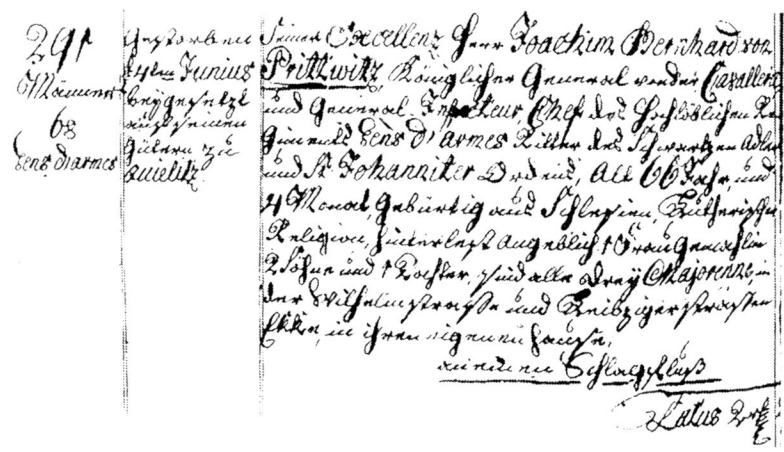

*13. Sterberegister Joachim Bernhard von Prittwitz; Quelle: GStA Preußischer Kultur-
besitz, HA VIII, Militärkirchenbücher*

ganze Vermögen, so auch die Gutsherrschaft Quilitz und das Haus in
Berlin gingen, wie testamentarisch festgelegt, in den Besitz der Witwe
über. Diese starb am 23.2.1799 und wurde in der Gruft der Neuhardenberger Kirche neben ihrem Gatten beigesetzt.

4.2 Der Sohn: Finanzrat, Standesherr auf Quilitz bis 1811

Schon am 28.2.1797 erwarb der älteste Sohn das Vermögen per Erb-
kaufvertrag für 400 000 Reichstaler, zahlte seine Mutter und Geschwister aus und beglich die nicht unerheblichen väterlichen Schulden.
Wer war nun der neue Quilitzer Standesherr mit besonderen Verdiens-
ten für unseren Ort als Bauherr, der den jungen Schinkel nach Quilitz
holte, als weitsichtiger Schulförderer und geachteter Politiker im Kreis
Lebus?
Es war der am 10. Dezember 1764 geborene Friedrich Wilhelm Bernhard v. Prittwitz.
Seine Paten bei der Taufe am 2. Januar 1765 in der Jerusalem-Kirche zu
Berlin, der König Friedrich II., der Kronprinz Friedrich Wilhelm (Na-
menspatron), vier Generale, darunter der legendäre „Alte Zieten", aber
auch eine gewisse Frau Majorin v. d. Marwitz, deuten auf das hohe An-

sehen des Vaters, aber auch dessen Zukunftspläne für seinen Erstgeborenen hin. Aber Offizier wurde der zweite Sohn Carl Heinrich (1767 - 1826). Friedrich Wilhelm B. studierte laut Eintragung im 2. Band des Matrikelbuches S. 490 ab 21.10.1782 an der Universität Frankfurt/O. Jura und Cameralia (Staatswissenschaft). Wie sein Vater 1764, so wurde der Sohn 1790 Ritter des Johanniter-Ordens. Von 1791 - 1798 war der ausgebildete Finanzwirtschaftler und Jurist in Breslau tätig. Da er 1797 Quilitz übernommen hatte und von Schlesien aus die Leitung schwierig war, zog er nach Berlin in das Elternhaus und wurde Geheimer Ober-Finanzrat im königlichen Finanzministerium.

14. *Karl Friedrich Schinkel im Alter von 22 Jahren; Quelle: Gemälde von J. C. Rösler, Rom 1803*

Seinen Besitz in Quilitz leitete er die ganzen Jahre bis 1811 vorwiegend von Berlin aus per Briefpost. Vor Ort war der bewährte und verdienstvolle Rentmeister Friedrich Scheibel eine zuverlässige Stütze.

Der neue Standesherr begann sofort mit einer regen Planungs- und Bautätigkeit, die er aber oft durch immer wieder brieflich geäußerte neue Ideen und Vorschläge durcheinander brachte. Sicher ein Grund, dass Scheibel, der Macher vor Ort, 1803 kapitulierte und wegging.

Eine glückliche Hand hatte Prittwitz, als er zwei junge Architekten aus der berühmten Schule des Baumeisters Gilly für die Arbeiten in Quilitz gewann, Wilhelm Bode (1777 - 1806) und Karl Friedrich Schinkel (1781 - 1841). Bode wurde mit jungen Jahren der Entdecker des Bauens mit dem einheimischen Raseneisenstein, wie ein Brief vom 4. März 1798 beweist.

Der später berühmteste Architekt und Baumeister des Klassizismus in der erste Hälfte des 19. Jahrhunderts, K. F. Schinkel erhielt 1800 mit 19 Jahren seinen ersten Bauauftrag mit dem Molkenhaus in Bärwinkel. Nach seinen eigenen Worten war das unter seinen frühesten Bauten

"... die erheblichste und von eigenthümlicher Anlage".[13] Weiter erarbeitete er in Quilitz von 1800 - 1803 die architektonischen Entwürfe für die abgebrannte Kirche, das neue Schul- und Pfarrhaus, den Guts- und Amtshof sowie den Gartensitz und das Bleichhaus im Park.

In der Hardenberg-Ära lieferte er die Entwürfe für die Neugestaltung des Innenraumes der Kirche mit dem berühmten Sternenhimmel, den völligen Umbau des Schlosses und die Umgestaltung des Schlosshofes sowie für die Gestaltung der Grabstätte des Fürsten.

In einem Brief vom 24. Juli 1801 schrieb Prittwitz voller Lob *"... Schinkels Zeichnung ist allerliebst, wir bekommen so die schönste Land Kirche in der Mark, so wie durch Ihr Benehmen, mein alter Scheibel, das schönste Dorf"*.[14]

Die auf E. Tietze zurückgehende Behauptung, Schinkel hätte nach dem Dorfbrand von 1801 das Dorf neu gestaltet ("Ein Zwanzigjähriger baut ein Dorf", 1961) ist nach neuen Erkenntnissen und Forschungen, besonders durch E. Rüsch, nicht haltbar.

Tatsache ist, Schinkel lieferte die Pläne für die repräsentativen Bauten, der Neuaufbau des Dorfes lag in Händen des Deichbauinspekteurs Heyfelder aus Küstrin, Baumeister vor Ort waren Maurermeister Neubart aus Wriezen und Zimmermeister Lindner aus Küstrin.

Einen herben Rückschlag und völlige Neuorientierung in der Bauplanung und Durchführung gab es für Prittwitz durch den großen Dorfbrand am 9. Juni 1801, bei dem 73 Gehöfte, die Kirche, Schul- und Pfarrhaus ein Raub der Flammen wurden. Große Probleme bereitete damals wie heute die Finanzierung. So beklagte sich Prittwitz, dass Schinkel zwar schön plane, aber nicht an die Kosten denke.

Wiederaufbau der Gehöfte war eigentlich Aufgabe des Gutsherrn. Aber der wäre kein Oberfinanzrat, wenn er nicht einen Ausweg wüsste. Also bot er *"den armen zu Grunde gerichteten Leuten"* Loskauf aus der Gutsherrschaft, dafür Eigenfinanzierung der abgebrannten Gehöfte an. 13 Bauern weigerten sich, es kam im August 1808 zum Weiberaufstand, nach Prittwitz dem *" höllischen Geleit aller protestirenden Alten Weiber und Frauens ..."*[15] Wegen der Höhe der Kostenbeteiligung für Kirche, Schule und Pfarr- und Kantorhaus gab es zwischen Standesherrn und Gemeinde jahrelangen Streit vor Gericht.

Besonders für die Dörfler war das nicht einfach, denn gute Justiziare kosteten schon damals viel Geld und ihr in Jura und Finanzen ausgebildeter und erfahrener Gutsherr wusste, wie es vor Gericht zugeht. Im Kirchenarchiv sind dafür interessante Belege zu finden. So war z. B. kein Einheimischer, sondern mit vielen Bedingungen nur der Kantor Pracht bereit, die Gemeinde als zweiter Bevollmächtigter vor Gericht zu vertreten, natürlich auch unter Zahlung von angemessenem Tagegeld, was auch den mehrfach täglichen Branntweinkonsum beinhaltete.

Außerdem war ja sein Prozessgegner als Kirchenpatron sein Dienstvorgesetzter und konnte ihn entlassen, wie ihn dessen Vater ja 1782 eingestellt hatte. Auch für diesen Fall, der nicht eintrat, sicherte sich Pracht gegenüber den Quilitzern und Quappendorfern ab.

Dazu kam, dass die Besetzung durch die Franzosen nach der Niederlage Preußens 1806 Herrschaft und Untertanen starke Belastungen brachte.

Der damalige Kreis Lebus war besonders hart von der napoleonischen Besatzung betroffen.

So schrieb Prittwitz u. a. am 26.7.1808 an den Landrat Schöning, dass *„wir größtentheils gar kein Getreide mehr haben, und auch keines zu haben, meine Pferde habe ich alle auf die Weide gejagt, allein waß soll aus den Menschen werden, ich soll noch 3 Wspl. Brodt Getreide kaufen, und kann es nirgends bekommen."*[16]

Diese finanziellen Probleme waren neben ständigen Änderungswünschen durch Prittwitz an den Schinkelschen Bauplänen der Grund, dass die Kirche erst nach siebenjähriger Bauzeit zu seinem 45. Geburtstag am 10. Dezember 1809 eingeweiht wurde. Der Wiederaufbau der 64 Hofstellen, von Schule, Pfarr- und Kantorhaus war dagegen im Wesentlichen bis 1803 erfolgt.

Über die rege, bis heute das Dorfbild Neuhardenbergs prägende Bautätigkeit unter Federführung von Friedrich Wilhelm B. v. Prittwitz haben Eckart Rüsch in „Die Baugeschichte von Neuhardenberg (Quilitz) 1793 bis 1814" sowie Annett Gries und Klaus-Peter Hackenberg in „Von der gewachsenen Struktur zum gestalteten Ensemble – Quilitz, Marxwalde, Neuhardenberg" interessant berichtet.

Verdienste für unseren Ort erwarb sich der jüngere Prittwitz, wie auch der damalige Lebuser Landrat bestätigte, durch seinen Einsatz für die Verbesserung der Volksschule vor Ort.

Er sah in der mangelnden Schulbildung der Landbevölkerung eine Ursache für die vorher geschilderten Konflikte zwischen Herrschaft und Untertanen.

So ist aus dem Untertanenregister von 1786 ersichtlich, dass von 97 Quilitzern nur 34 mit ihrem Namen, oft nur falsch und mühsam, 63 dagegen nur mit XXX unterschreiben konnten.

Im Jahre 1800 unterrichtete ein Lehrer hier 232 Kinder, erst 1809 kam
eine zweite Kraft dazu. In Neurosental wirkten von 1807 - 1819 sechs
„Schulmeister", alle ohne pädagogische Ausbildung, zwei waren
Schneider, einer Trompeter, einer *ein Bettler und Säufer*, einer *un-
brauchbar, nicht mehr bildungsfähig*. Noch 1830 wurden die beiden Lehrer in Neuhardenberg wie folgt beurteilt: *„Alt an Jahren, schwach an
Kenntnissen, aber jung an Körperkraft und guten Willen, sieht mehr das Amt
eines Vaters in seiner Klasse mit 130 Kindern als eines Lehrers ..."* und *„Dem
Trunk ergeben, zweimal brachte ihn die verderbliche Trunksucht an des Gra-
bes Rand ... ist nur ein schwacher Mensch ... und kann mit seinen Kenntnissen für sein Amt recht brauchbar sein."*[17]

In einem Brief vom 11. März 1811 schrieb Prittwitz *„solange die Sprache
des gemeinen Mannes himmelweit von der unsrigen, von der Büchersprache
verschieden sei ..."*,[18] würde sich das nicht ändern. Er unterstützte deshalb tatkräftig die Bemühungen seines Pfarrers und verdienstvollen
Schulreformers Tobias Friedrich Theodor Boehmer (1779 - 1853), der 46
Jahre, von 1807 bis zu seinem Tode vor Ort unter drei Schul- und Kir-
chenpatronen erfolgreich tätig war. Prittwitz übermittelte z. B. 1810
Boehmer aus Berlin ein Lehrbuch der Landwirtschaft mit eigenem
„Comentar" dazu, da es *„nicht praktisch genug; es sagt daher dem Bauern,
nach Standpunkte seines Kulturstandes, nicht bestimmt genug sagt, was er
zu Thun, was er zu lassen hat ..."*[19] und unterstützte die Anlegung eines
Schulgartens.

Durch seine Beziehungen in Berlin organisierte er die Unterstützung
durch hochrangige Verantwortliche in der preußischen Schulverwal-
tung wie Schuckmann, Massow, Süvern für Boehmers Bemühungen
um die Lehrerweiterbildung durch die ersten Schullehrerkonferenzen
im Lande Brandenburg.

Aber wie Ernst Tietze berichtet, war auch die Mehrheit der Dorfbewohner nicht gerade schulfreundlich. Wieder ging es wie beim Kir-
chenbau darum, wer zahlt wie viel. 1811 weigerten sich 89 Bauern, Kossäten und Hausleute das monatliche Schulgeld von 2 Groschen und 8
Pfennigen, zu entrichten. Prittwitz versuchte es im Guten, versprach für
40 - 60 Kinder Schulgeldfreiheit und setzte sich bei der Regierung ver-

geblich für mehr Entlastung für sozial Schwache ein. Trotzdem besuchten nur 20 von rund 250 Kindern die Schule, also Schulstreik. Nun griffen die Gerichte ein.

Prittwitz vermachte der Schule 1811 beim Gutsverkauf 740 Thaler, die ihm die Gemeinden Quappendorf und Kiehnwerder schuldeten und von deren Zinsen „würdige und bedürftige Kinder" Prämien und Lehrmittel erhalten sollten. Weiter stiftete er der Schule 400 Schiefertafeln. Prittwitz war also bei Schulangelegenheiten wie bei den Bauten im Ort immer im Konflikt zwischen finanziellem Gewinn und einem Mindestmaß an sozialer Verantwortung für seine Untergebenen.

Als der zweitgrößte der 37 Rittergutsbesitzer im damaligen Kreis Lebus war er dessen bedeutendster und einflussreichster Vertreter im Landtag der kurmärkischen Stände und wurde durch Hardenberg auch in die Notablenversammlung[20] berufen.

Prittwitz wurde in der Zeit des Kampfes zwischen den Reformern um Stein und Hardenberg mit ihren konservativen Widersachern um Marwitz aus dem benachbarten Friedersdorf und Finkenstein aus Madlitz als der politisch aktivste, geschickteste und einflussreichste Lebuser in Berlin charakterisiert. Er verhandelte mit beiden Seiten und war ein Mann der ausgleichenden Kompromisse. Das brachte ihm oft Kritik ein. Dazu Prittwitz an Marwitz am 1.5.1811 u. a.: „Sie haben ererbte, erkaufte Rechte, ich nur geschenkte. Ich kann daher mit dem Erbe dessen, der sie mir geschenkt, meines Privat Interesses wegen, nicht diese Schlußfolgerung aufstellen."[21] Auch Hardenberg notierte allein zwischen 25.2.1809 und 15.4.1810 in seinem Tagebuch 11 Treffen mit Prittwitz.

Aber 1811 gab er in dem Konflikt zwischen familientraditioneller Monarchietreue und ständischer Rechtsposition und auch wegen der ständigen Finanzstreitigkeiten in der Gutsherrschaft Quilitz auf. Er wollte „nicht im Kampf zwischen Dankbarkeit und Pflicht untergehen",[22] wie er am 26.11.1810 an Schuckmann schrieb.

Deshalb erwarb er am 1.7.1811 in Schlesien die Probstei Kasimir und die Johanniter-Kommende Groebing, verkaufte am 26.10.1811 Quilitz für 303 715 Reichstaler an die preußische Krone und kehrte in das Stammland seiner Vorfahren zurück.

Für Quilitz endete damit die relativ kurze, aber sehr erfolgreiche „Vater-General-und-Sohn-Finanzrat-v.-Prittwitz-Ära". Am 12.6.1815 besuchte Fürst v. Hardenberg bei seiner Rückreise vom Wiener Kongress

15. Grabstätte Friedrich Wilhelm Bernhard von Prittwitz; Quelle: Familiengeschichte – Zeitgeschichte von Prittwitz und Gaffron

Friedrich Wilhelm B. v. Prittwitz nochmals in dessen schlesischen Heimat, der, wie ein Brief an Boehmer vom 31. Januar 1812 zeigt, auch nach seinem Weggang aus Quilitz, dahin briefliche Kontakte unterhielt. Friedrich Wilhelm Bernhard von Prittwitz starb im Alter von 79 Jahren am 2.10.1843 in Kasimir. Von ihm existiert heute weder ein Bild, noch ist der Ort seiner Grabstätte bekannt.

5. Die Hardenberg-Ära 1814 - 1945 in Neuhardenberg

In dieser Zeit erhielt unser Heimatort den dritten prägenden „Edelsteinschliff".

Blicken wir zunächst einmal auf die ereignisreichen Jahre 1813/14 zurück. Friedrich Wilhelm Bernhard von Prittwitz war nun Gutsherr in Schlesien. Das Amt Quilitz wurde wieder einmal von der Königlichen Domänenkammer verwaltet.

Die rund 1200 Einwohner von Quilitz pflügten, säten, ernteten und versorgten das Vieh, arbeiteten als Handwerker, die Kinder gingen zur Schule, alles wie bisher. Martin Köpping war seit 1800 Dorfschulze und würde es noch weitere 18 Jahre sein. Auch Pfarrer Boehmer wirkte schon 5 Jahre als Seelsorger und das noch 41 Jahre bis zu seinem Tode

1853. Am 27. April 1812 beendete er den 3. Lehrerweiterbildungskurs.

Auch die Quilitzer stöhnten schon seit 1806 unter den harten Belastungen der französischen Besatzung. In der Festung Küstrin blieb diese noch bis 1814.

Am 17. März 1813 richtete König Wilhelm III. nach langem Drängen preußischer Patrioten, unter ihnen auch der 1810 zum Staatskanzler ernannte Karl August v. Hardenberg, den Aufruf zum Kampf gegen Napoleon „An mein Volk". Ein Exemplar aus der damaligen Zeit findet sich im Pfarrarchiv, genauso wie folgende Bekanntmachung des Lebuser Landrats vom 30. März 1813:

16. Aufruf Landrat Lehmann 1813;
Quelle: Kirchenarchiv Neuhardenberg

„Auf Allerhöchsten Befehl soll eine Landwehr aus sämtlichen wehrbaren Männern errichtet werden. Jeder welcher gesonnen ist f r e i w i l l i g in dieselbe einzutreten, fordere ich auf, sich persönlich bei mir zu melden. Jeder Freiwillige erhält den Grad eines Gefreiten und wird beim Avancement auf ihn besonders Rücksicht genommen.
Der Schulze hat sämtliche Mannspersonen der Gemeinde vom 17ten bis 60ten Jahre zusammen kommen zu laßen, ihnen diese Bekanntmachung vorzulesen, sie auch öffentlich dergestalt anzuschlagen, daß sie jeder lesen kann
Frankfurt a. d. Oder, den 30. März 1813
Köngl. Landrath des Lebusischen Kreises Lehmann"

Schulze Martin Köpping handelte wie angeordnet. Das Ergebnis war, dass in Quilitz schon eine Woche später, am 8. April, 42 Männer für die Infanterie und 12 für die Kavallerie ausgehoben wurden. Rentamtmann Straube wurde zum Hauptmann ernannt. Die Quilitzer Landwehrmänner wurden am 15. April 1813 feierlich in der Kirche durch Pfarrer Boehmer vereidigt. Ein großes Problem war es aber, Geld und Material für die Streitkräfte aufzubringen. Boehmer organisierte vor Ort eine Spendensammlung für die Freiwilligen. Ernst Tietze berichtet dazu: *„Als Ostern 1813 die Schulprüfungen und Schulentlassungen kamen, verzichteten alle Quilitzer Kinder auf die Prämien, die Ihnen aus den Zinsen des Prittwitz Fonds zukommen sollten, auch auf die Prüfungssemmeln."*[23] Dass sie dies aber *„ohne jede Beeinflussung und jeden Druck ihrer Erzieher taten"*, ist sicher zu bezweifeln.

Boehmer selbst blieb zu Hause und wurde Schutzdeputierter des Landsturms. Er handelte entsprechend einer im Pfarrarchiv aufbewahrten Anordnung der „Polizei- und Geistliche-Schuldeputation der Kurmärkischen Regierung" vom 13. Mai 1813 in der es u. a. hieß:

„... daß die ältern, schwächern und zu den Strapatzen des Marsches unfähigen (Geistlichen) bei dem zurückbleibenden Theile der Gemeinde verbleiben, um da für die Belehrung der alten und jungen Gemeindemitglieder, für die Tröstung und geistliche Beratung der zurückgebliebenen zu sorgen, ... daß aber dieser Bestimmung ungeachtet, jedem Geistlichen, der Kraft und Neigung fühlt, die Waffen zu führen, dieses unbenommen bleibt; ..."

Für seine Aufgabe während der Befreiungskriege in Quilitz erhielt Boehmer dann von der Kurmärkischen Regierung regelmäßig schriftliche Anweisungen, *„was auf höhere Anordnung"* zu Anlässen wie z. B. nach siegreichen Schlachten in der Kirche zu predigen und wofür eine gesonderte Kollekte zu sammeln ist. Einige dieser Exemplare sind noch im hiesigen Pfarrarchiv vorhanden.

Trost spenden vor Ort war notwendig, denn die Väter, Ehemänner, aber auch Ledigen hinterließen daheim Lücken, besonders schmerzliche, wenn sie nicht oder nur verwundet zurückkehrten. So fielen aus den Dörfern des Kirchenspiels Quilitz in den Befreiungskriegen 1813/14 insgesamt 22 Männer, darunter aus drei Familien sogar Brüder.

Vielleicht sah der Staatskanzler v. Hardenberg die bei Leipzig Gefallenen Martin Liebe und Gottfried Herrmann sowie die später an ihren Verwundungen verstorbenen Valentin und Gottfried Petersdorff aus seinem künftigen Besitz Quilitz/Neuhardenberg, als er das Kampffeld der Völkerschlacht bei Leipzig besichtigte und sich darüber beklagte, dass Tage nach dem Schweigen der Waffen noch immer viele Tote und Verwundete ohne Hilfe auf dem Schlachtfeld lagen.

Unter den Toten des Jahres 1813 ist auch ein Carl Marx aus unserem Dorf. Sein bekannterer Namensvetter Karl Marx, nach dem unser Ort von 1949 - 1991 in Marxwalde umbenannt wurde und dessen Namen unsere Hauptstraße trägt, wurde erst fünf Jahre später, 1818 geboren, starb 1883 und war nie in Neuhardenberg.

5.1 Der Fürst, Staatskanzler und große Reformer – 1814 - 1822 Standesherr auf Neuhardenberg

Nach dem Sieg über Napoleon setzte für die zurückgekehrten Soldaten und Landwehr-männer der dörfliche Arbeitsalltag wieder ein. Nur spärlich und spät erfuhren die Qui-litzer etwas vom großen Weltgeschehen. Man vernahm, dass im fernen Wien Staatsmänner aus vielen Ländern von September 1814 bis Mitte 1815 zusammenkamen, um über das weitere Schicksal Europas zu beraten. Die Presse schrieb: „Der Wiener Kongreß tanzt". Im Oderbruch hatte man andere Sorgen, und wenn man feierte und tanzte, dann zu Fami-lienfeiern, zur Kirmes und beim Erntefest.

17. Wappen der Familie Hardenberg in der Kirche; Foto: Heimatverein Neu-hardenberg

Niemand ahnte hier, dass in Wien am Rande des Kongresses auch über das weitere Schicksal von Quilitz entschieden wurde, denn zu den Ver-handlungsführern auf preußischer Seite gehörte auch der am 3. Juni 1814 durch den König in den Fürstenstand erhobene und mit dem neu gestifteten, von Schinkel entworfenen „Eisernen Kreuz" ausgezeichnete Staatskanzler Karl August Fürst v. Hardenberg.[24]

Dieser war nach Hans Bentzien *„... zwischen Friedrich II. und Bismarck wohl der bedeutendste Politiker, den unser Land besaß."*[25] In seiner Rigaer Denkschrift von 1807 bekannte Hardenberg als sein politisches Ziel: *„Eine Revolution im guten Sinn, gerade hinführend zu dem großen Zwecke der Veredlung der Menschheit durch die Weisheit der Regierung und nicht* *durch gewaltsame Impulsion von innen und außen – das ist unser Ziel, unser leitendes Prinzip. Demokratische Grundsätze in einer monarchischen Regierung – dieses scheint mir die angemessene Form für den gegenwärtigen Zeitgeist."*[26]

Am 7. November 1814 notierte Fürst v. Hardenberg in Wien in seinem Tagebuch zwischen Eintragungen über eine Beratung mit dem österreichischen Fürsten Metternich und einem abendlichen Ballettbesuch den nicht für die große Politik, sondern unseren Ort folgenschweren Satz: ***„Reçu la dotation de Neuhardenberg"***, zu deutsch sinngemäß: „Bestätigung der Schenkung von Neuhardenberg" Aber was bedeutete Neuhardenberg? So ein Ort existierte doch gar nicht!

Die Antwort gibt eine von König Friedrich Wilhelm III. am 6. November 1814 in Wien unterzeichnete Kabinettsorder, durch die unser Dorf wieder einen neuen Standesherrn und dazu noch einen anderen Namen erhielt, folgenden Inhalts:

*„Das in meiner Ordre vom 3. Juni d. J. enthaltene Versprechen, Ihnen und Ihren Nachkommen zum Anerkenntnis der ausgezeichneten Verdienste, welche Sie sich um den Staat erworben haben, und Mir und Meinem Hause in den verhängnisvollen Zeiten bewiesenen Anhänglichkeit den Besitz von standesmäßigen Gütern zu verleihen, will Ich jetzt dadurch in Erfüllung gehen lassen, daß Ich Ihnen die Güter Quilitz und Rosenthal sowie die Kommende Lietzen erb- und eigentümlich hierdurch verleihe. **Diese Güter sollen eine Herrschaft ausmachen und den Namen Neuhardenberg zu Ihrem Andenken führen.** (hervorgehoben J. Schr.) Ich habe wegen Überweisung des Besitzes dieser Güter sowie wegen der Ausfertigung der förmlichen Verleihungsurkunde das Erforderliche an den Finanzminister erlassen."*[27]

Diese Verleihungsurkunde wurde vom König und vom Finanzminister Bülow schon am 11. November 1814 auch in Wien unterzeichnet.[28]

Der Name Neuhardenberg – oder oft auch Neu-Hardenberg geschrieben – wurde also nicht, wie noch vielfach behauptet wird, 1815 verliehen, wenn auch das „Berliner Intelligenzblatt" seine Leser erst am 5. April 1815 darüber informierte: *„Seine Majestät der König haben allergnädigst befohlen, daß die dem Staatskanzler Herrn Fürsten Hardenberg allerhöchst erteilten Güter den Namen Herrschaft Neuhardenberg führen sollen, und daß insbesondere der Ort Quilitz künftig Neu-Hardenberg genannt werden soll."*

Hier irrte die Zeitung. In keinem der beiden vom König unterzeichneten Dokumente ist von der Umbenennung des Ortes Quilitz die Re-

de, nur von der Herrschaft Neuhardenberg. Eine weitere amtliche
Verfügung dazu ist bisher auch
nicht bekannt. Anzunehmen ist,
daß der Fürst auf der Grundlage
der königlichen Kabinettsorder
Quilitz als den Stammsitz der
Herrschaft in Neuhardenberg um-
benannte.

Zur Herrschaft Neuhardenberg
des Fürsten und Staatskanzlers
mit 3117 Einwohnern gehörten nun
auf Grundlage der königlichen Verleihungsurkunde vom 11.11.1814:
Das Amt Quilitz
mit Alt- und Neu-Quilitz (1171
Einwohner), Quappendorf (133),
Neufeld (11), Kiehnwerder (161)

*18. Karl August Fürst von Hardenberg;
Gemälde von Bollinger*

und Neu-Rosenthal (169) sowie dem Amtsvorwerk Quilitz und den
Vorwerken Marienfeld (17), Neufeld (11), Stuthof (32) und Bärwinkel (4);
das Amt Rosenthal
mit Alt-Rosenthal und den Vorwerken Alt-Rosenthal (106), Bergvor-
werk (9) und Vogelsang (2);
das Amt Lietzen (bis 1810 Johanniterordens-Kommende)
mit Lietzen (497), Marxdorf (199), Neuentempel (159) und Dorf mit Vorwerk Dolgelin sowie dem Bruchvorwerk (447 Einwohner).
Dazu kamen noch eine Reihe Mühlen, Brennereien, eine Schäferei,
13 Seen sowie Gerichts- und Patronatsrechte.
Weiter umfassten die Besitzungen des Fürsten v. Hardenberg:
Gut Tempelberg mit Gölsdorf und Kehrsdorf seit 1802,
Gut Lichtenberg (bei Berlin) bis zum Verkauf 1835,
Gut Hanseberg (Krzynik) in der Neumark 1809 - 1818,
Gut Klein-Glienicke bei Berlin seit 1814 mit dem zum neuen Stamm-
wohnsitz ausgebauten „Schloss" Glienicke, 1924 verkauft.
Das Amt Hohen-Kränig (Krajnik Gorny) mit den Vorwerken Hohen-
Kränig, Winterfelde, Grabow, Pätzig und Bärenbruch in der Neumark,
1809 erworben, war schon 1812 weiterverkauft worden.

Ein wahrhaft fürstlicher Besitz!

1816 wurde eine Generalverwaltung der Hardenbergschen Güter unter dem späteren preußischen Finanzminister Christian v. Rother gebildet, dann ab 1850 als Rentamt Neuhardenberg bezeichnet.
Als Ergebnis einer Familienkonferenz vom 23. Juni 1818 wurde am 30. Juni d. J. der Familienrezess vollzogen, bei dem der Staatskanzler die Standesherrschaft Neuhardenberg sowie die Güter Tempelberg und Lichtenberg bei Berlin dem Stammbesitz der Familie zuschlug. Die Familienstiftung Neuhardenberg als Fideikommiss bestand vom 5. Mai 1820 bis 1922. Das bedeutete, dass in dieser Zeit der Besitz nur ungeteilt in der Familie vererbt werden durfte.
Zur Größe des Hardenberg'schen Grundbesitzes haben wir nach Berghaus aus dem Jahre 1852, als Carl Adolf Christian Graf v. Hardenberg Standesherr war, verlässliche Angaben.
Danach umfassten die Güter 28 155 Morgen (7 038,75 ha), davon 12 444 Morgen (3 111 ha) Acker, die bäuerlichen Besitzungen betrugen 28 718 Morgen (7 179,5 ha), davon 23 470 Morgen (5 867,5 ha) Acker.
Bevor der 64-jährige Karl August Fürst v. Hardenberg Besitzer von Neuhardenberg wurde, hatte er schon zwölf Jahre lang seinen Landwohnsitz im benachbarten Tempelberg genommen. Über sein Wirken und Schaffen dort ab 1802 kann man einiges im Beitrag „Hardenberg auf Tempelberg – Thaer auf Möglin" erfahren.
Wie die Erwerbungen in dieser Zeit besonders in der Neumark östlich der Oder zeigen, war er stets daran interessiert, seinen Grundbesitz um Tempelberg zu erweitern. Durch seine umfangreichen Kontakte nicht nur als Staatskanzler, sondern auch zu seinem Gutsnachbarn Prittwitz war er sicher rechtzeitig über dessen Absicht, Quilitz zu verkaufen informiert und konnte auf die Übergabe der in der Dotationsurkunde (Schenkungsurkunde) genannten Güter als „gewünschtes Ehrengeschenk" des Königs Einfluss nehmen, eine damals auch in anderen ähnlichen Fällen gängige Praxis.
Selbst konnte sich Hardenberg als leitender Staatsmann, dazu bei angegriffener Gesundheit, u. a. durch sein langjähriges Gehörleiden, wenig um die Leitung seiner Güter kümmern. Dafür hatte er seine Fachleute vor Ort und seine Berater besonders in Sachen der Finanzen, denn Geld hatte er ständig eher zu wenig als zu viel. In landwirtschaftlichen Fragen, besonders zur Schafzucht und Melioration, hielt er in Neuhardenberg,

wie vorher schon in Tempelberg, ständigen Kontakt mit Albrecht Daniel Thaer aus Möglin.

Die offizielle Übergabe der Quilitzer Güter vom 11. - 14. Dezember 1814, wie auch die erste Verwaltung leitete Friedrich Christian August v. Dewitz („*der gute Dewitz*"), Mitglied der königlichen „Domänenveräußerungskommission".

Wie straff der Betrieb mit exakter Festlegung der Verantwortung und Aufgaben geleitet wurde, davon zeugt eine Instruktion des Oberamtmannes an den Wirtschaftsinspektor Busse vom 20. Dezember 1814. Diesem unterstanden der gesamte Ackerbau, die Verwalter, die Dienstboten, die Deputatsarbeiter, die Hirten und Schäfer, der Schmied, der Stellmacher, der Feldhüter, der Nachtwächter sowie die Hand- und Spanndienste der Gemeinde.

Der Rentamtmann, viele Jahre Friedrich Wilhelm Straube, war verantwortlich für die Finanzen, alle Verhandlungen mit den Behörden, den Justizorganen und den Untertanen. Ihm unterstanden die Gärtnerei, Brauerei und Brennerei, die Mühle und die Ziegelei. Der Verwalter, zu der Zeit ein Käbermann, hatte alle Hof-, Bau- und Ernteangelegenheiten zu besorgen. Genau vorgeschrieben war auch, wie oft und womit das Vieh zu versorgen, wie Arbeitsdisziplin, Ordnung und Sicherheit zu gewährleisten waren.

Die Arbeitsanweisung an den Gutsinspektor endete mit folgendem Appell:

„Im übrigen erwarte ich über den allgemeinen Gang der Wirtschaft wöchentliche Berichte und habe das Zutrauen, daß er dem ihm übertragenen Geschäft mit Treue und Gewissenhaftigkeit vorstehen und alles dergestalt in Ordnung halten wird, wie er es vor unserm Gutsherrn, dem Fürstlichen Standesherrn Grafen von Hardenberg, und vor mir und seinem eigenen Gewissen verantworten kann. Ich erwarte, daß er allen seinen Untergebenen ein Beispiel des Ernstes, des Fleißes, der Ordnung und der Treue geben werde und sich überhaupt so betragen werde, wie es einem ehrliebenden und gewissenhaften Inspektor eignet und gebührt." [29]

Sicher haben die Untergebenen auch auf den Hardenberg'schen Gütern das strenge Regiment des Inspektors des Öfteren mit anderen Augen gesehen. Tatsache ist aber, dass Busse ein landwirtschaftlicher Fachmann gewesen sein muss, der sich bemüht hat, auch die neuen wissenschaftlichen Erkenntnisse von Thaer mit Erfolg und Gewinn umzusetzen. Davon zeugt u. a. auch ein von ihm 1815 erarbeiteter detaillierter Anbauplan mit festgelegter Fruchtfolge entsprechend der vor Ort sehr unterschiedlichen Bodenverhältnisse. Trotzdem machte auch damals das Wetter manchen Strich durch die Planung. So notierte Hardenberg am 10. Mai 1818 große Frost- und Dürreschäden: *„Die Eichen und Buchen waren erfroren und viel Getreide, die Dürre ist entsetzlich"*, auch im Juni *„Immer dürr und heiß, schreckliche Hitze, viel Schäden."*[30]

Großer Wert wurde auch auf weitgehende Stallhaltung des Viehs gelegt, denn *„Von der Stalldüngung hängt der Düngungszustand des Betriebs und mithin der Ertrag ab."*[31]

Was den finanziellen Ertrag der Gutsherrschaft Neuhardenberg betrifft, liegen uns einige Zahlen vor. Danach waren die Einnahmen aus der Schafhaltung nach dem Thaerschen Vorbild 1827 mit 4665 Talern etwa doppelt so hoch wie die aus der übrigen Viehhaltung mit 2065 T. oder dem Ackerbau mit 2548 T. Die 1821 errichtete Brennerei, heute eine beliebte Gaststätte der „Stiftung Schloss Neuhardenberg", erwirtschaftete 3476 T. Dafür wurden jährlich ca. 1500 bis 2000 Fuhren Kartoffeln à 20 Zentner zu Sprit für die Schnapsproduktion verarbeitet, ein damals auf den Gütern lukratives Geschäft, und dazu noch Schlempe als wertvolles Viehfutter. Auch die damals sieben Gastwirtschaften im Ort brauchten ständig flüssigen Nachschub. Thaer dagegen förderte zwar den Kartoffelanbau, aber war gegen diese Art ihrer Verarbeitung. Seine Meinung: *„... ich kann noch keine Branntwein-Brennerei sehen, ohne einen gewissen Schauer zu empfinden."*[32] Deshalb betrieb er auch in Möglin keine Brennerei, weder für Kartoffeln noch für Getreide.

Über die Verdienste auf dem Gut Neuhardenberg hat uns Ernst Tietze einige Fakten übermittelt. Danach erhielt u. a. der Inspektor Busse ein Jahresgehalt von 120 Talern plus „freie Station für sich und seine Familie", ein Pferdeknecht 24 T. und Speisen für 24 T. 19 Groschen (gr) sowie Brotkorn für 12 T. 4 gr., eine Magd 15 T. sowie für Speisen 18 T. 19 gr. und für 10 T. 4 gr. Brotkorn.

Als Saisonarbeiter erhielten Männer 5 gr., Frauen 3 gr. täglich ohne Deputat.

Zum Vergleich: So kostete damals z. B. 1 Pfund Butter 7 - 8 gr., 1 Liter Milch oder Bier 1 gr., 1 Arztbesuch 1 T. (1 T. = 30 gr.).

Auf der Grundlage des im Rahmen der stein-hardenberg'schen Agrarreformen beschlossenen Regulierungsedikts vom 14.11.1811 kam es
1819/20 auch in Neuhardenberg zu einem weiteren Schritt der Bauernbefreiung. Die Titel der offiziellen Schriftstücke lauteten:
*„Confirmation des Rezesses vom 3. Dezember 1819 wegen der Regulierung
der zwischen der Gutsherrschaft zu Neuhardenberg dem Königl. Preuß.
Staatskanzler Herrn Fürst von Hardenberg Durchlaucht und der Laßkossä-
tengemeinde daselbst bestehenden Dienstverhältnisse"* und *„Dienstablösungs-
und Auseinandersetzungsrezeß vom 25.12.1819".*
Die Verhandlungen von Seiten Hardenbergs führte selbstverständlich
„ein Spezialbevollmächtigter S. Durchlaucht" aus Berlin.
Das Ergebnis war, dass die 12 Neuhardenberger Kossäten Christian
Werth, Chr. Hildebrand, Martin Lichtenberg, Johann Sievert, Chr. Winz,
Chr. Voigt, Gottfried Retzlow, Daniel Tiele, Chr. u. Martin König sowie
Martin u. Gottfried Petersdorff aus der wirtschaftlichen Abhängigkeit
zu Weihnachten 1820 entlassen wurden und sie jetzt Eigentümer des
von ihnen bewirtschafteten Grund und Bodens mit allen Rechten, aber
auch Pflichten wurden. Dafür hatten sie 10 Jahre lang an den Gutsherrn
eine jährliche Rente im Marktpreis von 24 bzw. 12,5 Scheffel Roggen zu
zahlen, bis 1832 pro Jahr 20 Tage unentgeltlich Dienste und 3 Jahre lang
mit ihren Gespannen die erforderlichen Fuhren für Bauten zu leisten.
(1 Scheffel = 41,66 kg; 1 Scheffel Roggen kostete je nach Marktpreis 2 -
4 T.)
Die niedere Gerichtsbarkeit, Polizeivollmacht und Jagdgerechtigkeit
blieben wie bisher beim Gutsherrn über seinen Beauftragten, dem
Rentamtmann.
Wir haben schon festgestellt, dass der betagte und kränkliche Staatskanzler v. Hardenberg weniger erholsame Stunden, als ihm sicher lieb
war, in seinem als Alterswohnsitz und Ruheort erwünschten Neuhardenberg verbringen konnte. Laut seinen Tagebuchaufzeichnungen war
ihm das in den 8 Jahren nur 20-mal an 165 Tagen, also rund ein halbes
Jahr, möglich. In der kalten und oft ungemütlichen Zeit von Dezember
bis Ende April hielt er sich hier gar nicht auf. (Siehe Anlage: „Aufent-
halte von Karl August Fürst v. Hardenberg in Neuhardenberg") Als erster Berater des schwachen Königs Friedrich Wilhelm III. führte Hardenberg von 1814 bis zu seinem Tode 1822 einen beharrlichen und kräf-
tezehrenden Kampf um die Fortführung und Rettung der Reformen,

besonders um eine vom König versprochene Verfassung, immer in harter Auseinandersetzung der international und national erstarkenden konservativen Kräfte um den russischen Zaren, um den österreichischen Kanzler Metternich, den preußischen Kronprinzen und auch den Friedersdorfer Gutsnachbarn v. d. Marwitz als Führer des konservativen preußischen Adels. Dazu wurde Hardenberg durch viele internationale Kongresse im Ausland hart gefordert.

Schauen wir uns doch einmal das umfangreiche und anstrengende Dienstreiseprogramm des Fürsten von der Dotation am 11. November 1814 bis zum ersten Aufenthalt in Neuhardenberg am 1. November 1816, also 2 Jahre später, an: Vom Wiener Kongress kehrte er erst am 15. Juni 1815 nach Tempelberg zurück, wo seine Frau ihn erwartete. Schon am nächsten Tag ging es für nur drei Wochen zu Staatsgeschäften nach Berlin mit Wohnung im gerade erst eingerichteten Schloss Glienicke an der Havel zwischen Berlin und Potsdam. Schon am 4. Juli 1815 fuhr er bis 8. Dezember d. J. zum „Dreikaisertreffen" nach Paris, wo Napoleons endgültige Niederlage besiegelt und gefeiert wurde. Danach folgten bis 20. Juni 1816 Staatsgeschäfte in Berlin, eine dringend notwendige Kur in Karlsbad, im August bis Oktober 1816 eine Reise nach Dänemark auch zu seinem Sohn und dann 2 Wochen später erstmalig für 5 Tage *Nach Neuhardenberg Jagd"[33]*. So ging es die ganze Neuhardenberger Zeit anschließend weiter auf Reisen, so jährlich zu Kuren und u. a. zu Kongressen nach Aachen (1818), Teplitz (1819), Troppau (1820), Laibach (1821) und endlich am 24. September 1822 zur Reise ohne Wiederkehr nach Wien, Verona und seiner letzten Station Genua.

Wenden wir uns aber den wenigen Aufenthalten des Staatskanzlers in Neuhardenberg zu. Sein wichtigstes Ziel war, das Schloss so um- und auszubauen, dass er hier auch seine letzten Jahre würdig und standesgemäß fürstlich in Ruhe genießen konnte. Das war ihm leider aber nicht mehr vergönnt, denn die Schlossumbauten zogen sich bis nach seinem Tode hin. Die langwierigen jahrelangen Baumaßnahmen waren sicher auch ein Grund, dass er sich hier nicht häufiger und länger aufhielt, sondern Glienicke bevorzugte und weiter auch Tempelberg aufsuchte.

Beauftragt mit der Projektierung der Schlossumbauten für den künftigen repräsentativen Stammsitz der Linie Hardenberg-Neuhardenberg hatte der Fürst, wie vor ihm schon Prittwitz, zuerst den Landbaumeister Johann Heinrich Neubart aus Wriezen. Dieser Entwurf entsprach aber nicht den gehobenen Ansprüchen des Staatskanzlers. Nun wandte er sich in bewährter Weise an Karl Friedrich Schinkel. Dessen Umbaupläne des Schlosses zu einer zweistöckigen klassizistischen fürstlich-standesgemäßen Anlage fanden genauso die Zustimmung des Auftraggebers wie die Pläne für die Hofumgestaltung. Dabei kam dem Fürsten sehr entgegen, dass es Schinkel gelang, alles kostengünstig und doch repräsentativ zu gestalten. Die Absprachen dazu mit Schinkel fanden vorrangig in Berlin statt. In Neuhardenberg notierte Hardenberg nur zwei Besuche von Schinkel im Mai und Juli 1822, zum Schlossumbau selbst nur:

„<Sa> 25. (Mai 1822) Schinkels Ankunft. ...
<So> 26. Pfingst S. Neubart früh hier. Zeichn(ungen) v(on) Schinkel. Regen u. Gewitter. <Mo> 27. Neubart fort.
<Di> 28. Schinkel fort - Ecrit à Jordan - Pückler gekommen
<Mo> 3. Juny ... Bau angefangen"[34]

Diese Notiz bestätigt, dass Neubart hier, wie auch schon bei der Neugestaltung des Innenraumes der Kirche, mit der sparsamen Bauausführung beauftragt war.

Hardenberg fand auch das Innere der nach veränderten Schinkelentwürfen bis 1809 wiederaufgebauten Kirche nicht standesgemäß. Er

19. Schlossumbauentwurf K. F. Schinkel um 1820; Quelle: ?

20. Kirche mit Mausoleum, 2002; Foto: Heimatverein Neuhardenberg

machte 8000 Reichstaler locker und beauftragte wiederum Schinkel den
Innenraum würdiger zu gestalten. Das gelang meisterlich. Leider ist in
den späteren Jahren vieles davon verändert worden.
Jetzige Baumaßnahmen sollen bewirken, die Kirche wieder im origi-
nalen Schinkel'schen Aussehen erstrahlen zu lassen. Dem dient auch
die Initiative zur Übernahme von Stern-Patenschaften für die 3582 Ster-
ne zur Wiederherstellung der Schinkel'schen Deckenbemalung nach
Motiven seines Bühnenbildes zur Aufführung von Mozarts Oper „Die
Zauberflöte."
Über die damalige feierliche Einweihung und das neue Aussehen der
Kirche anlässlich des 300-jährigen Jubiläums der Reformation 1817 berichtete die „Königlich-Private Zeitung – Vossische Zeitung" aus Berlin vom 11.11.1817 sehr ausführlich und anschaulich u. a. auch darüber, daß der berühmte Karl Friedrich Zelter, des Öfteren hier und in Kunersdorf Gast, eine Komposition zum Einweihungslied für die Orgel
verfasst hatte, so wie schon zur Kircheneinweihung 1809. Leider sind
beide Werke durch Kriegseinwirkungen verloren gegangen. Der Stan-

desherr, Kirchenpatron, Auftrags- und Geldgeber vermerkte dieses Ereignis viel nüchterner in seinem Tagebuch:
„29. Oct. (1817) Nach Neuhardenberg.
31. 1ter Festtag der Reformation - Abendmahl-Fest am Tisch, Fritz und Melusine
1. Nov – Schul Predigt Jordan Abends
2. (Nov) Einweihung der neuen Kirche und großes Diner
3. Jagd ...
4. Guts Vorträge – Fritz Abreise
5. Nach Berlin über Tempelberg."[35]
Zur Umgestaltung des Schlossparks in einen englischen Landschaftspark äußerte sich Hardenberg in seinen Aufzeichnungen gar nicht. Er erwähnt nur mehrfache Treffen mit dem Gartenarchitekten Peter Joseph Lenné, der 1821 zwei Verschönerungspläne für den Park anfertigte, dem englischen Landschaftsgärtner Addy Repton und natürlich seinem Schwiegersohn Herrmann Fürst Ludwig Heinrich Graf v. Pückler-Muskau, der 1817 - 1826 mit Hardenbergs Tochter Lucie verheiratet war und dem er durch Fürsprache beim König am 6. Juni 1822 zum Fürstentitel verhalf. Populär und amüsant ist die von Fontane erzählte Anekdote, wie Pückler seinen Schwiegervater mit der Parkumgestaltung überrumpelt haben soll. Ob aber die während eines Mittagessens gefällten Bäume zur Schaffung einer Sichtachse im Park nicht doch schon vorher heimlich angesägt waren, um das Vorhaben gegen den Willen des alten Hardenberg durchzusetzen?
Wer sich gründlicher über die interessante Baugeschichte von Schloss, Kirche und Park informieren möchte, dem seien aus der vielen dazu vorhandenen Literatur die Beiträge von Ernst Wipprecht, Sibylle Badstüber-Gröger und Detlef Karg in „Quilitz – Marxwalde – Neuhardenberg" sowie aus der Schriftenreihe des Heimatvereins „Von der gewachsenen Struktur zum gestalteten Ensemble ..." von Annett Gries und Klaus-Peter Hackenberg empfohlen. Natürlich sei auch das Kapitel „Quilitz oder Neu-Hardenberg" aus Fontanes „Wanderungen ..." nicht vergessen.
Der Neuhardenberger Standesherr empfing hier im Umbau befindlichen Schloss oder in den Kavaliershäusern standesgemäß viele Gäste, so aus seiner umfangreichen Verwandtschaft wie schon erwähnt, Tochter Lucie und Schwiegersohn Pückler, trotz zeitweiser Trennung seinen

Sohn und späteren Erben Christian Graf v. Hardenberg-Reventlow aus Dänemark, seinen Neffen Carl, von 1840 - 1866 dritter Standesherr auf Neuhardenberg, die Brüder Friedrich und George. Nur seine dritte Frau Charlotte, geb. Schönemann hatte mit dem neuen Stammsitz ihres Gatten nichts im Sinn. Wilhelm v. Humboldt schrieb in einem Brief an seine Frau nach seinem Besuch des Staatskanzlers zu dessen Geburtstag am 31. Mai 1817 in Neuhardenberg darüber „... *Die Fürstin und Koreff (Arzt) hassen und verabscheuen diesen Ort.*"[36] Die Fürstin Charlotte v. Hardenberg verbrachte ihren Landaufenthalt lieber in Tempelberg. Dazu kam, dass es auch in dieser Ehe immer mehr kriselte und sie ihren Mann im Juni 1821 verließ. Grund hierfür war eine Friedericke Hähnel, die ab 1816 immer mehr zur vertrauten Lebensgefährtin des alternden und kränklichen Fürsten bis zu dessen Tode wurde. Wo sie konnte und standesgemäß durfte, begleitete sie den Staatskanzler. In Neuhardenberg war sie ständiger Gast. Hier heiratete sie am 3. Juni 1821, um den Fürsten bei Hof ihretwegen nicht länger in Verruf zu bringen, den vertrottelten ungarischen Adligen Kimsky. Die nach Hardenbergs Worten „*schöne Predigt und Traurede*" hielt Pfarrer Boehmer. Auch nach dem Tode des Fürsten soll die „Französin", wie die Kimsky von Dorfbewohnern genannt wurde, noch hier aufgekreuzt sein und habe an die Schulkinder Pfannkuchen verteilt, berichtet Tietze.

Zu den Gästen Hardenbergs gehörten neben schon Erwähnten solche Persönlichkeiten wie die Reformer Wilhelm v. Humboldt, Neidhardt v. Gneisenau und Christian Scharnweber, enge Vertraute wie Dewitz, Hellwig, Jordan, Rother, Schaumann, Schoell, Staegemann, Thaer, Tzschoppe, Nachbarn wie Itzenplitz aus Kunersdorf, Thaers Schwiegersohn Korte aus Möglin, Pfuel aus Schulzendorf, Amtsrat Fuß aus Lietzen, Superintendent Noack aus Tempelberg, Postmeister Werner aus Müncheberg. Nicht auf der Gästeliste stand aber sein Nachbar und politischer Reformgegner Marwitz aus Friedersdorf. Dass er diesen zusammen mit dem Grafen v. Finkenstein 1811 für einige Wochen auf die Festung Spandau bringen ließ, erwähnt Hardenberg in seinem Tagebuch mit keinem Wort.

Seine Geburtstage feierte er 1817, 1821, 1822 in Neuhardenberg. Das 70. Lebensjubiläum 1820 wurde in Glienicke begangen. Hierzu hatte Johann Wolfgang v. Goethe dem Jubilar würdigende Verse gewidmet.[37] Gern ging Hardenberg auch mit Gästen auf die Jagd und freute sich,

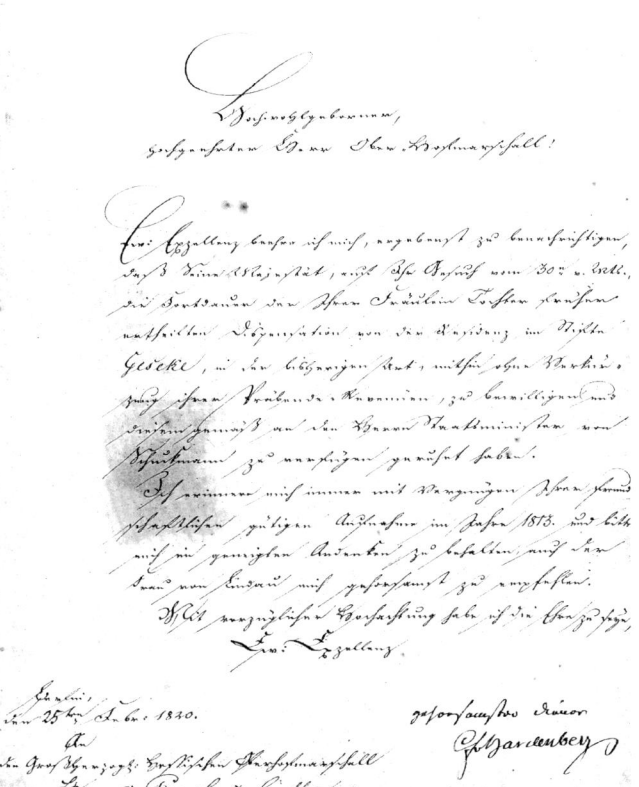

21. Brief Karl August von Hardenberg 25.02.1820; Quelle: Olaf Prüfer, Schwedt/Oder

dass er 1819 die hohe Jagd zu Hermersdorf, Trebnitz, Wulkow und Neuhardenberg vom König erhalten hatte.

Trotz Alter und Krankheit ging es auch hoch zu Ross oder in der Kutsche des Öfteren zu Inspektionen seiner Güter oder auf Besuchsfahrten durch das Oderland, so am 10. Juni 1817

„Nach der Arbeit über Friedland, Gottesgabe nach Möglin. Dort die Schäferey und das Institut gesehen. Thaer war nicht da. Prof. Körte führte uns herum. Von da nach Frankenfelde, wo wir die Stamm Schäferey besahen und nach Freyenwalde, wo die Gebäude und Bäder in Augenschein genommen wurden. dann gegessen und Abends mit Postpferden über Wriezen, Cunersdorf durch das Bruch über Neufeld wieder nach Neuhardenberg. Entzetzl. Staub - heiß und Wind kalt. ...“[38]

Vom 12. bis 14. September 1822 weilt Hardenberg mit Kimskys und Pückler letztmalig in Neuhardenberg. Am 23. d. M. besuchte er nochmals Tempelberg, von dort ging es nach Wien, wo Hardenberg am 2. November seinen letzten Vortrag bei König Friedrich Wilhelm III. hielt und die Nachricht bekam, dass die Kimsky ihm nachgereist war. Er selbst fuhr wie der König nach Italien.

Die letzten Worte in seinem Tagebuch, geschrieben am 9. November 1822 in Neapel, lauten: *„Arrivée des Kimsky le soir".*[39] In ihren Armen starb Karl August Fürst von Hardenberg, der große preußische Staatsmann und Reformer, der Namenspate unseres Dorfes, am 26. November 1822 fern seiner Heimat in Genua.

Erst ein Jahr später wurden seine sterblichen Überreste nach Deutschland überführt, beinahe unbemerkt von der Öffentlichkeit und kaum beachtet vom preußischen König, dem er lange treu gedient hatte. Schinkel fertigte mehrere Entwürfe für eine würdige Begräbnisstätte an. Erst der dritte wurde durch den Sohn bestätigt. Die ersten beiden waren zu teuer. Am 25. November 1824 wurde der Staatskanzler im Mausoleum an der Neuhardenberger Kirche mit der Inschrift: „PIO ANIMO POSUIT FILIUS"[40] beigesetzt, sein Herz bis heute im Kirchenaltar aufbewahrt.

Die fürstliche Begräbnisstätte wurde erst kürzlich gründlich renoviert und erstrahlt nun wieder in ihrer einfachen und doch würdigen Gestalt. Wer von offizieller Seite und ehemaligen Freunden und Kampfgefährten den großen preußischen und international bekannten Staatsmann 1824 auf seinem letzten Weg begleitet hat, ist bisher genauso unbekannt wie ein die staatsmännischen Leistungen Hardenbergs anerkennender Nachruf des Königs. Wir wissen nur, dass seine persönlichen Aufzeichnungen, aus denen wir nur wenige, uns als Neuhardenberger interessierende Worte zitiert haben, auf Befehl Friedrich Wilhelms III. versiegelt im Geheimen Staatsarchiv aufbewahrt und erst nach 50 Jahren durch Bismarck geöffnet wurden.

Also war der Fürst v. Hardenberg, dessen Lebensmotiv war „... *und überhaupt zeige man Charakter",*[41] auch nach seinem Tode für die wiedererstarkten konservativen Kräfte in Preußen noch unbequem, obwohl er durch sein staatsmännisches Handeln und seine Reformpolitik das preußische Königtum nicht abschaffen, sondern entsprechend den Erfordernissen der damaligen Zeit liberalisieren und modernisieren wollte.

5.2 Die Erben des preußischen Staatskanzlers und großen Reformers von 1822 - 1921

Nach dem Tode des Staatskanzlers Karl August Fürst v. Hardenberg 1822 trat sein Sohn aus erster Ehe, Christian Graf von Hardenberg-Reventlow (1775 - 1840), das Erbe an.

So recht froh war er wohl darüber nicht. Einmal lebte er mit seiner Mutter schon seit frühster Jugend in Dänemark, war dort Hofjägermeister und Geheimer Konferenzrat, zum anderen war die Erbschaft nicht nur fürstlich, sondern auch mächtig verschuldet. Auf den Fürstentitel verzichtete er, wie auch spätere Erben, nach dem Grundsatz „Ein alter Graf v. Hardenberg ist mehr wert als ein neugebackener Fürst", nach Thielen „*Um den Ruhm des Vaters nicht zu schmälern.*"[42]

Zur Entschuldung soll die Staatskasse 100 000 Taler gezahlt haben. Der neue Standesherr von Neuhardenberg blieb in Dänemark. In seinem Auftrage lenkte der Oberamtmann Straube die Geschicke vor Ort mit den zu dieser Zeit rund 1500 Einwohnern. Erstaunlich ist, dass es darunter schon viele Handwerker gab, so z. B. 26 Maurer, 17 Zimmerleute, 5 Schneider, 4 Stellmacher, 3 Schmiede, aber auch 5 Krüger (Gastwirte), 4 Lebensmittelhändler und 44 weibliche sowie 30 männliche Dienstboten.

Im Pfarrarchiv befindet sich ein handgeschriebener Brief Schinkels vom 26.2. 1835 über die Anfertigung eines neuen Altarleuchters für die Kirche, weil der alte in der Nacht vom 5. zum 6. April gestohlen wurde und nicht wieder auftauchte. Am 22. Oktober 1835 lieferte dann die Königliche Eisengießerei einen eisernen, mit Bronze überzogenen Leuchter. Ein Original-Schinkel-Leuchter aus Bronze war für den Grafen und die Gemeinde unerschwinglich.

Als Christian Graf v. Hardenberg-Reventlow 1840 starb, hinterließ er eine Tochter. Da diese nicht erbberechtigt war, fielen die Besitzungen Carl Adolf Christian Graf v. Hardenberg-Neuhardenberg (1794 - 1866) zu. Dieser war ein Sohn des Bruders Georg des Staatskanzlers und damit dessen Neffe. Schon 3 Jahre später ließ er den zu DDR-Zeiten abgerissenen und anläßlich der 650-Jahrfeier des Ortes 1998 wieder aufgebauten Obelisk gegenüber dem Schloss errichten. Die heute noch fehlende Inschrift lautete:

22. Obelisk vor der Schinkelkirche in Neuhardenberg; Foto: unbekannt

„Friedrich Wilhelm III. belehnte (belohnte) *im Jahr 1814 seinen Staatskanzler, den Fürsten Karl August von Hardenberg durch die Schenkung der Herrschaft Neu-Hardenberg. Zur Erinnerung an die Huld und Gnade des edelen Königs und an die Treue seines Dieners errichtete in Dankbarkeit dieses Denkmal Carl Adolf Christian von Hardenberg im Jahre 1843."*

Dessen Hauptsorgen waren auch wieder Schulden. Lesen wir, was der neue Neuhardenberger Standesherr dazu am 10. September 1864 schrieb:

„Die Verhältnisse waren damals so mißlich, daß ich Abstand nehmen mußte, die mit dem Besitz verbundene Fürstenwürde anzunehmen, und ich mich genötigt sah, seine Majestät den König zu bitten, daß ich für meine Person, jedoch mit dem Vorbehalt der Rechte meiner gesetzlichen Erben, von der Führung des Fürstentitels enthoben sein dürfte. Es gehörte eine große Redisquation dazu, die ersten zehn Jahre meiner Besitzzeit mich in aller Weise zu beschränken, um meine Angelegenheiten in eine bessere Lage zu bringen.

Die tätigen und genauen Berichte meines Rechtsbeistandes, des Justizrats Jure in Frankfurt/O. halfen mir, alle Schwierigkeiten zu besiegen und mach-

ten es mir möglich, die große Schuldenlast, welche die Güter drückte, bis auf
eine verhältnismäßig nicht große Summe abzutragen, ..."[43]
Im Klartext ausgedrückt, die wirtschaftliche Lage war alles andere als
rosig.

Im Landbuch von Bergmann wurden für das Jahr 1854 für das hiesige
Gut ein Viehbestand von 308 Milchkühen, 70 Mastbullen, 203 Zug-
pferden, aber keine Schafe angegeben.

Nach Meinung des Standesherrn war bis 1864 die Separation zwischen
der Gutsherrschaft und den Gemeinden überall durchgeführt worden.
Durch diese Ablösung der Erbuntertänigkeit hatten die Neuhardenberger nach Tietze jährlich eine Summe von 2518 T. 8 gr. 1 Pfg., die ganze
Standesherrschaft 4000 T. Renten an den Grafen zu zahlen. Der Landbesitz der Bauern umfasste damals 1572 ha, damit rund 470 ha weniger
als der Graf allein in Neuhardenberg mit 2042 ha besaß.

„Im allgemeinen sind die Bewohner der Dörfer, welche zum Majorän gehören,
lobenswerte Leute. ... Sie sind auch im allgemeinen wohlhabend und fleißig.
... Das Dorf Neuhardenberg ist von beträchtlicher Größe, denn es zählt jetzt
(1864) schon über 1700 Einwohner und daß unter dieser großen Zahl ein er-
freulicher Wohlstand besteht, wird dadurch bewiesen, daß nur wenige Orts-
arme der Gemeinde zur Last fallen",[44] so das Urteil des Standesherrn.

Der Dorfschulze Hildebrandt sah das in einem Schreiben von 1849 ganz
anders. *„Die Gemeinde Neuhardenberg ist sehr arm und hat mit der Ar-*
menpflege zu tun, daß die Armen nicht zu Grunde gehen, ..."[45]
Sicher hat sich die Lage in 15 Jahren nicht so verbessert, sondern die
unterschiedlichen Meinungen drücken doch unterschiedliche Standpunkte aus. Deshalb ist es auch äußerst interessant, dass wir mit den
1176 erhaltenen Seiten des Tagebuches des Stellmachers Christian Petersdorff aus Neuhardenberg über den Zeitraum von 1819 - 1865 eine
Schilderung der damalige Verhältnisse aus der Sicht eines einfachen
Dorfbewohners haben. Im Rahmen der Schriftenreihe unseres Heimatvereins ist das unter dem Titel „Erlebtes und Aufgeschriebenes aus
dem 19. Jahrhundert" nachzulesen. Natürlich stöhnte der Handwerker
und Hausbesitzer aus der heutigen Karl-Marx-Allee 84 über die nach
seiner Meinung zu hohen und ungerechtfertigten Abgaben und Steu-
ern. Für Petersdorff waren die Kontaktpersonen zur Dorfobrigkeit in
erster Linie die vom Grafen eingesetzten Dorfschulzen. Von 1830 bis
1858 war das Friedrich Hildebrandt, 1865 bis 1892 sein Sohn Christian,

die sieben Jahre dazwischen der Kaufmann Karl Busse. Streitigkeiten klärte in erster Instanz der „Schiedsmann des 11. Bezirkes des Lebuser Kreises", damals ein gewisser Stimming. Die Kontakte der Dorfbewohner und Untertanen zu der *„Hochgräflichen Herrschaft"* liefen fast nur über das *„Amt"* mit dem damaligen Rentamtmann Straube, der zugleich *„Polizei-Rendant"* war. 1865 nannte unser Chronist einen Schuhmann in dieser Funktion. Persönliche Gespräche mit dem Grafen erwähnte Petersdorff nur einmal im August 1848, als es um den Preis für den Bau eines Jagdwagens ging und im Mai 1859, als er sich einen Rat in Grenzstreitigkeiten holte. Zwei Beispiele von Stellmacherarbeiten, die Petersdorff für den Grafen leisten durfte: Am 5. Dezember 1859 *„Nachmittag nach dem Amt zu Neu Hardenberg gewesen, die Kutsche besehen von den Herrn Grafen von Hardenberg, welche ganz zertrümmert war, wo derselbe bei Cüstrin mit umgeschmissen hatte, als er damit zur Hochzeit bei seinen Sohn Bernhard nach Friedeberg fahren wollte ... Ich habe daran gearbeitet vom 6ten bis 28 December."*[46] Am 2. September 1865 gab es einen für einen Dorfstellmacher ganz außergewöhnlichen Auftrag, für den er 7 T 10 gr. Lohn erhielt: *„Für den Herrn Grafen von Hardenberg eine Lafette zu der Haubitze machen, wo durch den Herrn Hegemeister Böhm das Rohr gebracht worden ist ... des Morgens um 4 Uhr am 3. bin ich erst nach Gusow nach dem gräfl. Schloß gewesen und habe mir eine kleine Kanone besehen, wie dieselbe gebaut ist."*[47] Petersdorff erlebte aber auch, dass sein Schwager 10 gr. Strafe zahlen musste, weil er die gräfliche Kutsche mit seinem bäuerlichen Pferdegespann überholt hatte. Das war doch wirklich ein grober Verstoß gegen die standesgemäße Rangordnung.

Wie sahen nun die beiden Neuhardenberger, der Handwerker und der gräfliche Standesherr aus ihrer Sicht die Ereignisse um die Revolution 1848/49?

Christian Petersdorff heiratete am 21. Januar 1848. Aber schon 4 Monate später musste er den Waffenrock des Königs anziehen und vom 12. Mai bis 22. Juni 1848 mit noch weiteren 6 Neuhardenberger Männern mit dem 8. Landwehrregiment zur Niederschlagung einer revolutionären Erhebung am Feldzug nach Posen teilnehmen. Einer von ihnen, der Landwehrmann Dräger aus unserem Ort, wurde wegen revolutionärer Reden (*„Exzesse"*) im Herzogtum Posen zu 10 Jahren Festungshaft verurteilt.

Der Gefreite Petersdorff wurde 1849 vom 9. Mai bis 5. Oktober trotz aller Bemühungen, wie schon ein Jahr zuvor davon freizukommen, gegen Revolutionäre, dieses Mal nach Dresden und Rastatt/Baden, in den Krieg geschickt. Seine Meinung nach der Rückkehr in sein Heimatdorf: *„So geht es zu in der Welt, wer bei der jetzigen Zeit Soldat ist, der kann nichts anfangen, denn man muß jeden Augenblick darauf gefaßt seyn, ... wieder in den Krieg zu ziehen, und sein Leben hinzuopfern in der Schlacht. ... Glücklich ist der Mensch der kein Soldat ist."*[48]

Der königl. Oberstltn. a. D. und Träger des Eisernen Kreuzes Graf v. Hardenberg dagegen beklagte sich in seinem Brief vom 29. März 1848 an den Regierungspräsidenten in Frankfurt/O. über die sich auch auf dem Lande verbreiteten Freiheitsbestrebungen und Forderungen nach Befreiung von Abgaben und Lasten und meinte: *„... Es sind im Dorfe Neuhardenberg allein gegen 300 Tagearbeiter, die weder von meiner Seite noch von der Gemeinde alle beschäftigt werden können. Auswärtige Arbeit werden diese Menschen jetzt kaum finden, da ein jeder Privatmann Abstand nimmt, Bauten und andere Unternehmungen in der jetzigen Zeit auszuführen, und der Staat keine öffentliche Arbeit in unserer Nähe anzuordnen scheint. Ein Gleiches gilt von den Bewohnern der Nachbardörfer ..."*

Man könnte annehmen, der Graf schildert die wirtschaftliche Lage des Jahres 2002. Weiter aus dem obigen Brief von 1848 zitiert: *„Die Wirkung, welche das Einrücken eines Militärkommandos in Gusow verursacht hat, ist eine höchst günstige ..."*[49] Dort war es unter Führung des Arztes Dr. Berg und des Lehrers Kretschmar zu Protestaktionen gekommen. Hardenberg weiter an den Regierungspräsidenten:

„... Höchst wünschenswert muß es erscheinen, daß dieses Militärkomando fürs erste noch nicht aus der Gegend weggezogen, und daß der Führer autorisiert werde, auf Requisition der benachbarten Polizeistationen im Notfalle Beistand zu leisten."[50]

Am 4. September 1848 meldete der *„Euer Hochwohlgeboren untertänigster Diener Schneider"* aus Tempelberg dem Grafen Hardenberg *„Euer Hochgeboren verehrlichen Befehle gemäß"* die auf einer Versammlung geäußerten Forderungen nach gerechter Verteilung der Abgaben zwischen Bauern und Gutsbesitzern und die Bildung des „Vereins zur Wahrung bäuerlicher Interessen des Lebuser Kreises."[51]

In Neuhardenberg scheint es aber nicht wie u. a. in den benachbarten Dörfern Gusow, Tempelberg, Langsow und Letschin zu „Unruhen" gekommen zu sein, denn Hardenberg notierte 1864 über diese Zeit: „*Sie* (die Einwohner) *haben in der unglücklichen Zeit vom Jahre 1848 mit geringen Ausnahmen keine Störungen veranlaßt.*"[52]

Störungen anderer Art gab es aber reichlich. 1853 und 1855 wurden am Rande des Dorfes Vermessungen zum Bau der Eisenbahnstrecke von Berlin nach Küstrin durchgeführt. Für den Grafen wäre aber die Eisenbahn eine Störung und so erhielt nicht Neuhardenberg, sondern Trebnitz einen Bahnanschluss.

Sorgen bereitete dem Standesherrn immer wieder die nicht funktionierende Dachentwässerung des Schlosses. Ernst Wipprecht schreibt dazu: „*1852 werden ... die Balustrade entfernt und wappengekrönte Attika über den Eingangsrisalit durch einen Dreiecksgiebel mit der Inschrift ‚GRATIA REGIS' – ‚Der Dank des Königs' – ersetzt. Das von zwei Adlern flankierte Hardenbergsche Familienwappen erhielt nun als repräsentativschmückendes Motiv seinen Platz.*"[53] Am 11. April 2002 wurde eine originalgetreue Nachbildung dieser im II. Weltkrieg verloren gegangenen Wappenplastik mit den zwei flankierenden Adlern wieder auf dem Schlossportal angebracht und bekrönt heute endlich wieder das klassizistisch streng gestaltete Schlossgebäude, wie es sich auch Ernst Wipprecht und der DSGV-Projektleiter und Architekt Hans-Joachim Horst wünschten.

23. Doppeladler; Foto: Märkische Oderzeitung

Der berühmteste Gast, den der Graf Carl v. Hardenberg damals, jeweils im September 1860 und 1862, im Schloss empfing und beherbergte, war kein geringerer als Theodor Fontane.

„Ich schreibe diese Zeilen im Neu-Hardenberger Schloß, wo ich mich seit gestern früh aufhalte und sehr freundlich aufgenommen worden bin. Es ist sehr reich an Kunstschätzen und hat mir viel Ausbeute gegeben",[54] so der Reisende und Schriftsteller aus Berlin in einem Geburtstagsbrief vom 20.9.1862 an seine Mutter.

Ihm verdanken wir auch eindrucksvolle Schilderungen der heute weitgehend verschollenen wertvollen Inneneinrichtung des Schlosses, besonders der Gemälde.

Vom berühmten und weltbekannten Schriftsteller zurück zum einfachen und unbekannten Tagebuchschreiber, die beide zur selben Zeit lebten und ihre Erlebnisse aufschrieben. Christian Petersdorff berichtete auch über zwei repräsentative Beisetzungen. Einmal über die des am 2. Dezember 1853 im Schloss verstorbenen Pfarres Boehmer und zum anderen vom Begräbnis der *„Hochadligen Jungfrau Caroline Ida Gräfin von Hardenberg"* (geb. 4.1.1834) am 28. Juli 1856. Am Sonntag, dem 6. August 1865 finden wir folgende Tagebucheintragung: *„In der Kirche bekannt gemacht, daß der Graf von Hardenberg morgen am 7. August 71 Jahre alt ist, und er versprochen hat, er will mit der Gemeinde in Frieden und Eintracht leben."[55]*

Ein Jahr später, am 16. Oktober 1866 verstarb Carl Adolf Christian Graf von Hardenberg nach 26 Jahren Standesherrschaft und wurde auf dem hiesigen Familienfriedhof an der Kirche hier in Neuhardenberg beigesetzt.

Wenn wir uns bei den nächsten drei Standesherren von Neuhardenberg von 1866 bis 1921 kürzer fassen, so deshalb, weil zum einen die spärlichen historischen Quellen dieser Zeit besonders aus den Archiven bisher noch nicht ausreichend erschlossen und die noch vorhandenen ortschronistischen Aufzeichnungen spärlich sind, zum anderen auch, weil die Standesherrn in dieser Zeit vorwiegend auswärts lebten und für den Ort nicht so prägend gewirkt haben wie ihre Hardenberg'schen Vorgänger und ihr Nachfolger.

Für die sieben Jahre von 1866 - 1873 trat Carl Hildebrand Christian Graf v. Hardenberg (1827 - 1873) das Erbe seines Vaters als Standesherr an. Das war die Zeit des Deutsch-Französischen Krieges 1870/71, in dem aus Neuhardenberg August Schramm, Wilhelm Hofemeister, Christian Hesse und Friedrich König *„für König und Vaterland starben"*, und der Gründung des deutschen Kaiserreiches. 1872 wurde dann in Neuhardenberg die gräfliche Gerichtsbarkeit, Polizeigewalt und Vorstandsherrschaft über die Gemeinde beseitigt und 1873 der Amtsbezirk Neuhardenberg einschließlich der Gemeinden Quappendorf und Kiehnwerder gebildet.

Von 1873 - 1912, also fast 4 Jahrzehnte, war Carl Friedrich Graf v. Hardenberg Standesherr des Ortes mit seinen rund 1600 Einwohnern. Er hatte aber wenig mit der Landwirtschaft im Sinn und verpachtete die Ländereien. Sein Wohnsitz war zunächst in Berlin am Pariser Platz.

Ernst Tietze erzählt auf seine anekdotenhafte Art, dass dieser Graf Hardenberg aber des Landes verwiesen wurde, weil er, wie die kaiserliche Familie, das Recht für sich beanspruchte, die mittlere Durchfahrt des Brandenburger Tores zu benutzen. So zog der Graf nach Bozen (Südtirol) und später nach Wiesbaden, wo er 1912 fern seiner ererbten Besitzungen verstarb. Deren Verwaltung hatte er schon früher in die Hände seines Bruders, des Grafen Cuno Hildebrand Christoph von Hardenberg (1855 - 1921) gelegt.

Dieser Oberregierungsrat in Potsdam, u.a. Mitglied des Reichsverbandes gegen die Sozialdemokratie, war dann 1912 - 1921 Standesherr in Neuhardenberg. Für die Landarbeiter, kleinen Bauern und Handwerker keine leichten Jahre. So verdiente 1914 ein Landarbeiter pro Woche 4 - 5 Mark, erhielt täglich 2 Pfund Roggen, 1 Liter Milch, Rüben und Holz zum Sirupkochen und durfte 0,5 Morgen Kartoffelland und 0,25 Morgen Gemüseland bestellen. Zu der Zeit kosteten z. B. 1 Pfund Butter 1,10 Mark, 1 Pfund Schweinefleisch 0,60 - 1 Mark, 1 Liter Milch 10 Pfg. Schokolade für 30 - 60 Pfg. war für Landarbeiterkinder damals Luxus.

1915 war die Zeit der „Petroleumfunzeln" auch in Neuhardenberg vorbei. Der Ort erhielt nun Anschluss an das Elektronetz.

1914 - 1918 tobte der I. Weltkrieg, viele Männer wurden eingezogen, 70 Neuhardenberger kehrten nicht zurück. Ihre Namen sind auf Gedenktafeln in der Kirche und in einer im Kirchenarchiv vorhandenen „Gemeinde-Kriegschronik" aufgeführt. Die ersten Kriegstoten im August 1914 waren der Lehrer Karl Thiele, der Halbbauer Fritz Noack und der Briefträger Otto Wohlgemuth, der gerade erst ein Jahr verheiratet war.

Das letzte Kriegsopfer aus Neuhardenberg, Georg Winz, fiel am 4. November 1918, wenige Tage vor Kriegsende. Der Rentamtmann Wegewitz verlor beide Söhne an der Front.

Im Kriegstagebuch waren vier Seiten für „Den Heldentod fürs Vaterland starben" vorgesehen. Erforderlich waren neun Blätter mit 70 Namen, die 70faches Leid in den betroffenen Familien ausdrücken. Der Chronist des Kriegstagebuches Pfarrer Ernst Ehlers führte bis zum Ende seiner Amtszeit 1916 auch den „Örtlichen Kriegskalender" mit Aufzeichnungen über den Kriegsverlauf und einige Vorkommnisse im Dorf. Aufschreibenswert für ihn war u. a., dass

- es nach jedem deutschen Sieg in einer Schlacht schulfrei gab,
- 1914 Fuhrwerke und Arbeiter aus dem Dorf zum Befestigungsbau an die Oder mussten,
- auf Bahnhöfen Alkoholverbot herrschte, Getreide, Kupfer- und Messingkessel sowie Fahrradbereifungen beschlagnahmt wurden,
- 1915 im Sommer auf dem Gut 15 russische Kriegsgefangene arbeiteten,
- in den ersten beiden Kriegsjahren witterungsbedingte Ernteausfälle auftraten,
- es pro Kopf in der Woche nur 125 g Fleisch und erst 2, dann 1,8 kg Brot gab,
- über den Strickverein des Pfarramtes „Liebesgaben an die Front" geschickt wurden, von September bis Dezember 1914 u. a. 276 Paar Strümpfe, 104 Paar Handschuhe, div. Kopf-, Ohren-, Brust- und Pulswärmer, aber auch 700 Zigarren, 2 Schachteln Zigaretten, 8 Stck. Seife und 1 Zahnbürste.

Zum Schmunzeln bringen uns heute die Berichte über die Jagd auf vermeintliche Spione im Oderbruch zu Kriegsbeginn, der sogar Menschenleben zum Opfer gefallen sein sollen. So wurde durch bewaffnete Angehörige des örtlichen Kriegervereins jedes Auto in Neuhardenberg gestoppt und kontrolliert. *„Wie fieberten wir vor Aufregung, als eines Tages ein Ulan von einer Ulaneskorte, die einen Pferdetransport führte, im vollsten Carracho die Dorfstraße entlang hinter einem Automobil herjagte, das als verdächtig bezeichnet worden war. Geschah es doch, daß die Frau unseres hiesigen Arztes, die ihren ebenfalls einberufenen Mann in Küstrin besuchen wollte, von der Dorfbewohnerschaft in Gusow aus dem Auto gerissen und tätlich angegangen wurde, weil zufällig eben vorher das Gerücht verbreitet*

worden war, daß ein verdächtiges Auto, mit einem als Frau verkleideten
Mann besetzt, unterwegs sei und weil sie durch ihre den Gusowern fremd-
artige süddeutsche Aussprache doppelt verdächtig erschien."[56] „Frau Dok-
tor" überlebte und im Dorf gab es spannenden Gesprächsstoff. Leider
wurde nur die Gefallenenliste, nicht aber der „Örtliche Kriegskalender"
in den Jahren 1917/18 weitergeführt.

Nach Kriegsende schwappten die Wellen der Novemberrevolution, der
Inflation, der unruhigen ersten Jahre der Weimarer Republik auch auf
Neuhardenberg über.

Graf Cuno v. Hardenberg nahm seine ständige Wohnung hier im
Schloss erst, als er in den Beamtenruhestand trat. Im Schloss ließ er besonders die Ostseite umbauen, zum Park hin die Terrassenanlage errichten und elektrisches Licht, Wasserleitungen und Zentralheizung
einbauen. Um die wirtschaftlichen Belange der Güter kümmerte er sich
aber kaum.

So hinterließ auch er seinem Nachfolger, als er 1921 kinderlos starb, einen großen Berg von Schulden. Nach der Erbfolge wurde nun sein Neffe, Carl-Hans Graf von Hardenberg 7. Standesherr der Herrschaft Neuhardenberg.

5.3 Carl-Hans Graf von Hardenberg
Ein überzeugter adliger Antifaschist konservativer Gesinnung,
1921 - 1945 Standesherr auf Neuhardenberg

24. Ehepaar Hardenberg;
Archiv Heimatverein Neuhardenberg

Carl-Hans Graf v. Hardenberg ist
nach seinem Ururgroßonkel Karl
August Fürst v. Hardenberg für unsere Heimatgeschichte die interes-
santeste Persönlichkeit dieses
Adelsgeschlechtes. Einmal ist das
wegen seiner konsequenten kon-
servativ-christlich geprägten Haltung gegen den verbrecherischen
Nationalsozialismus, zum anderen,
weil er 24 Jahre als Gutsherr in politisch und wirtschaftlich brisanter

Zeit den ererbten Besitz von Neuhardenberg aus führte und sich dadurch auch vielfältige Kontakte zu den Einwohnern ergaben. Viele ältere Bürger erinnern sich noch an die „gräfliche Familie", an den Grafen und die Gräfin Renate v. Hardenberg, geborene v. d. Schulenburg, an ihre Kinder Gisela, Renate, Reinhild, Friedrich Karl und Astrid. Dabei ist ganz normal, dass in den Erinnerungen die Schlossbewohner unterschiedlich bewertet werden, von lobend und anerkennend bis zurückhaltend und auch manchmal ablehnend.

Carl-Hans Graf v. Hardenberg hatte am 25.11.1921 ein umfangreiches, aber auch schweres Erbe von 7316 ha, davon 3022 ha Acker und 3598 ha Wald übernommen. Die größten Güter der Standesherrschaft waren Neuhardenberg mit 2073 ha, Lietzen mit 1799 ha und Tempelberg mit 1417 ha. Die Zahl der ständig Beschäftigten betrug zeitweise ca. 430 Leute, davon 18 im Schloss, dazu Saisonkräfte und während des Krieges auch Kriegsgefangene und Fremdarbeiter. Hardenberg war damit einer der mächtigsten Großgrundbesitzer in der Mark Brandenburg und der größte im damaligen Kreis Lebus.

Die Besitzungen waren aber bei der Übernahme stark verschuldet. Durch viele Maßnahmen bis auch zu neuen Kreditaufnahmen und einem strengen Sparsamkeitsregiment für die eigene Haushaltsführung bei allen Repräsentationsverpflichtungen und Aufwendungen für das Schloss, wie auch an Löhnen und Deputaten für die Angestellten und Landarbeiter stellte er sich das Ziel, ab 1945 schwarze Zahlen zu schreiben.

Ein wichtiger Weg dahin war, trotz der Wirtschaftskrisen und häufigen Missernten die landwirtschaftliche Produktion und damit die Einnahmen zu verbessern. So stiegen z. B. die Erträge auf dem Vorwerk Bärwinkel von jeweils 1921 - 1930 zu 1930 - 1940 bei Kartoffeln von 152,5 auf 173,9 dt/ha, bei Winterroggen von 15,8 um 2 dt/ha, bei Winterweizen von 19,3 auf 23,8 dt/ha bei Hafer von 18,2 um 5 dt/ha.

Die Rentabilität und wirtschaftliche Stabilität des Gutes zu erreichen, war unter den Bedingungen der Folgen des I. Weltkrieges, der Inflation, der Weltwirtschaftskrise und Kriegswirtschaft vor und während des II. Weltkrieges keine einfache Sache und eine echte Herausforderung für den Standesherrn und seine tüchtigen leitenden landwirtschaftlichen Fachkräfte Güterdirektor Bräuninger, der in Lietzen seinen Sitz hatte, und den äußerst korrekten Rentmeister Brüning. Zugute kamen

Hardenberg dabei die auf den Gütern seines Schwiegervaters, Otto Graf
v. d. Schulenburg in Lieberose von 1919 bis zur Übernahme von Neuhardenberg gesammelten Erfahrungen und Ausbildung als Landwirt.
Das war ihm aber nicht in die Wiege gelegt. Als Sohn eines preußischen
Offiziers am 22.10.1891 in Glogau geboren, genoss er eine strenge
preußisch konserative Erziehung. Nach dem Abitur 1910 begann seine
militärische Laufbahn ganz im „Geist von Potsdam" als Fahnenjunker,
Leutnant und 1914 bei Ausbruch des I. Weltkrieges als Chef der Leib-
kompanie des 1. Garderegiments zu Fuß in Potsdam.
Nach der standesgemäßen Heirat mit Renate Gräfin v. d. Schulenburg
am 29.10. 1914 ging es für Hardenberg an die Front. In den blutigen
Schlachten wurde er dreimal verwundet und erlebte die deutsche Nie-
derlage und Abdankung des Kaisers 1918 im Lazarett. 1919 war seine
Offizierslaufbahn erst einmal unterbrochen und er musste 1919 als
Oberleutnant aus dem aktiven Wehrdienst ausscheiden. So blieb als
Ausweg nur die Landwirtschaft.
Seiner konservativen Haltung zur Monarchie blieb Carl-Hans Graf v.
Hardenberg bis zu seinem Tode genauso treu, wie er die Ideologie und
Herrschaft des Nationalsozialismus unter Hitler ablehnte. Diese Haltung wurde in seiner Zeit als Standesherr in Neuhardenberg seit 1921
deutlich.
Er war Mitglied mehrerer elitärer konservativer Vereinigungen mit star-
kem preußischen Traditionsbewusstsein wie des „Deutschen Her-
renklubs", der „Casino-Gesellschaf", des aus führenden Großindustri-
ellen wie z. B. Thyssen, Siemens, Bosch und hochrangigen Großgrund-
besitzern bestehenden „Reusch- Kreises", der sich sogar im November
1937 im Schloss Neuhardenberg traf, und im „Brandenburgischen Land-
bund", einer Vereinigung von Großagrariern, die u. a. auch die parla-
mentarische Demokratie ablehnten und zu deren führenden Köpfen er
gehörte und die sich auch hier im Schloss versammelten. Auch andere Gäste im Hardenberg'schen Herrenhaus, wie Ende der zwanziger
Jahre die Kronprinzessin Cecilie und ihr ältester Sohn Wilhelm, am 21.
und 22. September 1932 der greise Reichspräsident und Generalfeldmarschall v. Hindenburg anlässlich eines Manövers (Hardenberg nahm
auch an dessen Beisetzung teil), Generaloberst Freiherr v. Hammerstein-
Equord (1930 bis zu seinem Rücktritt 1934 Chef der Heeresleitung der
Reichswehr) oder seine ehemaligen Regimentskameraden, die preußi-

25. Besuch des Reichspräsidenten von Hindenburg im Schloss Neuhardenberg am 21./22.
September 1932; Archiv Heimatverein Neuhardenberg

schen Prinzen Oskar und Eitel-Friedrich zur Hochzeit der Tochter Gisela mit Wolf Werner Graf v. Arnim 1937, bringen die monarchistische
Haltung des hiesigen Neuhardenberger Standesherrn zum Ausdruck.
Natürlich gab es auch in Neuhardenberg soziale Unterschiede und
längst nicht alle Bewohner stimmten mit der politischen Haltung des
Gutsherrn überein. Das ging bis in den Freizeitbereich. So hatten hier
u. a. die Bauern, die Handwerker und die Arbeiter ihre eigenen Ge-
sangsvereine, die sich in verschiedenen Gaststätten trafen und feierten.
In Neuhardenberg ging die Einwohnerzahl von 1925 bis 1936 von 1229
auf 1182 zurück. 1864 lebten hier sogar schon einmal 1565 Bürger. Eine entscheidende Ursache war die Landflucht. Tietze berichtet, dass z. B.
von den 1934 Schulentlassenen nur 24% der hiesigen Jungen und 21%
der Mädchen im Ort blieben, alle anderen das Dorf verließen und

hauptsächlich nach Berlin und in andere Städte zogen. Schon um 1900 pendelten ca. 60 Bauarbeiter zur Arbeit nach Berlin. Leider ist das auch heute ähnlich. Bürgermeister von Neuhardenberg war von 1913 - 1933 und noch 1945 - 1946 Bauer Franz Wernicke, im I. Weltkrieg amtierte als Stellvertreter August Buckow .

Graf v. Hardenberg war vor Ort Ehrenvorsitzender des Kriegervereins, mit Paul Horn der Repräsentant des „Stahlhelms" und seiner, in der vormilitärischen Ausbildung sehr aktiven Jugendabteilung „Scharn-horst" sowie der Ortsvorsitzende der konservativen, den bürgerlichen Parlamentarismus ablehnenden „Deutsch-Nationalen-Volkspartei", die auch bei hiesigen Bauern, den „Buren" und seinen Untergebenen nicht wenige Anhänger hatte. Vorsitzender der Ortsgruppe der SPD war ab 1918 Friedrich Ebel, seit 1894 Sozialdemokrat. Hier gaben die zahlreichen, meist in Berlin tätigen Bauarbeiter, die „Muren" den Ton an. Ebel war nach 1945 auch lange Jahre Vorsitzender der SED-Orts-gruppe.

Die Anhänger der Nationalsozialisten sammelten sich um den Arzt Dr. Ruppin und den Kaufmann Gerhard Zubke, in der Zeit der Weimarer Republik auch Vorsitzender des Radfahrvereins, von 1933 - 1945 Bür-germeister und Leiter der Ortsgruppe der NSDAP. Ortsbauernführer war ein gewisser Thiele. Sie wurden des Öfteren von Goebbels und dem späteren Gauleiter Kube vor Ort unterstützt. Zur Gewinnung von Mas-seneinfluss auf dem Lande starteten sie eine Kampagne gegen den Neu-hardenberger Standesherrn. Aufhänger dafür war, dass Hardenberg 1932 im Rahmen der staatlichen „Osthilfe" 400 000 RM zur Schulden-tilgung zugesprochen wurden, während ebenfalls verschuldeten klei-neren Landwirten im Kreis Lebus kaum geholfen wurde. Trotz Wider-legung blieb diese Propaganda wie auch die steigende Arbeitslosig-keit und Verschlechterung der sozialen Lage bei den Wahlen nicht oh-ne Wirkung und die Zahl der Nazianhänger stieg auch hier in der Stan-desherrschaft. Die Tatsache, dass aber bei den Reichstagswahlen 1932 am 6.11. gegenüber der Wahl am 31.7. in Neuhardenberg die Stimmen für die Nationalsozialisten von 254 auf 185, für die Sozialdemokraten von 196 auf 158 zurückgingen, für die Deutschnationalen von 161 auf 204 und die Kommunisten von 112 auf 131 stiegen, kommentierte Har-denberg mit den Worten *„Die Nazibäume sind nicht in den Himmel ge-wachsen, Kommunisten sind mir egal, ..."*[57]

Natürlich betrieb auch Hardenberg Wahlpropaganda für die „Deutschnationale Volkspartei" nicht nur mit Worten, sondern, wie damals auf vielen Gütern verbreitet, auch durch aktive Wahlhilfe in Form von „... *gratis Kaffee, Kuchen Bier, Schnaps Likör und Zigarren, soviel nur jeder haben wollte ...*"[58] auf einem Erntefest für seine Landarbeiter im November 1929 in Lietzen, zufällig am Vorabend von Wahlen, wie eine sozialdemokratische Zeitung berichtete. Es ist nicht zu übersehen, dass es in dieser Zeit, wie überall in Deutschland, auch in der Standesherrschaft Neuhardenberg zu sozialen Konflikten und Auseinandersetzungen kam.

Ein Landarbeiter, nach Tietze 1932 in Bärwinkel mit einem Jahresgrundlohn von 720 RM, dazu einem Deputat von 35 dt Kartoffeln, 12 dt Roggen, Zuckerrüben zum Sirupkochen nach Belieben, täglich 1 l Milch und freie Feuerung, sah in seinem Gutsherrn sicher keinen Wohltäter, sondern auch des Öfteren einen „Ausbeuter". Er bekam auch mit, wie die Herrschaften und ihre Gäste auf dem Schloss besser als er lebten, dass die Kinder des Grafen und seiner leitenden Angestellten nicht die dörfliche Holzpantinenschule besuchten, sondern von Privatlehrern unterrichtet wurden. Die bekannteste Hauslehrerin war von 1929 - 1934 Ingeborg Gerstendörfer, geb. Schaudig (Schaudin), 1953 - 1972 für die CSU Mitglied des Deutschen Bundestages.

Die Behauptung des Kommunisten Fritz Perlitz (1944/45 gemeinsam mit Hardenberg in der Krankenabteilung des KZ Sachsenhausen) auf einer Veranstaltung des Instituts für Geschichte der Pädagogischen Hochschule Potsdam am 6. April 1966, dass Hardenberg 1931 einen Landarbeiterstreik auf seinem Gut Gölsdorf mit Polizeigewalt niedergeschlagen und 31 Landarbeiterfamilien entlassen habe, ist bisher ungeklärt und historisch nicht bewiesen.

Hardenberg scheint es aber gelungen zu sein, trotz aller vorhandenen Gegensätze und Meinungsverschiedenheiten soziale Konflikte zu entschärfen und den Arbeits- und Dorffrieden, gemessen an Streiks und blutigen Zusammenstößen politischer Gegner in anderen Gegenden, zu wahren. Sicher hat dazu auch sein kontaktfreudiges, einfaches Auftreten gegenüber den Ortsbewohnern und seinen Arbeitern und Angestellten, wie auch das meist gute Verhältnis von „Grafen"- und Dorfkindern dazu beigetragen. Frieda Werkmeister, Jahrgang 1924, erinnert sich, dass die Mädchen und der Junge aus dem Schloss streng erzogen und dazu angehalten wurden, jeden Erwachsenen zuerst zu grüßen,

und dass viele Einwohner, wenn sie unter sich über den Grafen sprachen, Carl-Hans sagten und jeder wusste, wer gemeint war. Seine Frau
dagegen war auch im Volksmund „die Gräfin".

Konsequenz bewies Carl-Hans v. Hardenberg schon sehr früh bei der
Machtübernahme durch die Nationalsozialisten 1933 nicht nur durch
die Niederlegung aller öffentlicher Ämter, sondern z. B. auch, als er in
seiner Eigenschaft als Kirchenpatron 1936 erfolgreich die Versetzung
des mit den Nazis sympathisierenden Pfarrers Neuberg und Berufung
des Pfarrers Koeller von der oppositionellen „Bekennenden Kirche" er-
reichte. Heinrich Himmler hätte sich 1933 den Weg in das Neuhardenberger Schloss sparen können, um dessen Besitzer, wie andere Adlige,
für die Nazibewegung zu gewinnen.

1934 verpachtete Hardenberg 500 ha zum Bau des Flugplatzes, auf dem
1937 die ersten Versuche mit raketengetriebenen Flugzeugen gestartet
wurden und der mit einer Unterbrechung von 1945 - 1957 bis 1993 Mi-
litärobjekt war.

Der Ausbruch des II. Weltkrieges 1939 veränderte auch das Leben aller Neuhardenberger, ob Graf, Bauer, Handwerker oder Landarbeiter.
Viele Männer mussten in den Krieg ziehen, eine Reihe von Frauen mussten in der Rüstungsindustrie oder der Landwirtschaft deren Arbeits-
plätze einnehmen oder wurden als Krankenschwestern, wie u. a. auch
im Lazarett des früheren RAD-Lagers Neuhardenberg, eingesetzt. Trotz
seiner schweren Kriegsverletzung wurde auch Carl-Hans v. Hardenberg eingezogen und im Range eines Majors Kommandeur des Potsdamer Ersatzbataillons 9, dem auch der spätere Bundespräsident Richard v. Weizsäcker angehörte. Im März 1940 wurde Hardenberg zum
Oberbefehlshaber der Heeresgruppe Mitte, Generalfeldmarschall v.
Bock an die Ostfront versetzt.[59] Als dessen persönlicher Adjutant hatte er Kenntnis von Verbrechen der SS und von einzelnen Wehrmachts-
einheiten, so von Massenmorden an Juden, polnischen und russischen Zivilisten und Kriegsgefangenen, der Erschießung aller russischer Kom-
missare, Plünderungen und anderen Kriegsverbrechen. Diese Erlebnisse
und Gespräche mit Gleichgesinnten an der Front wie z. B. dem damaligen Oberstleutnant Henning v. Treskow führten nach Hardenbergs an Sil-
vester 1945 geschriebenen Erinnerungen „Das Wohl des Volkes verlangt
den vollen Einsatz von uns" zur Erkenntnis, dass Hitlers Naziherrschaft
und der verlorene Krieg auch mit gewaltsamen Mitteln zu beenden wären.

Aufgewachsen und erzogen in konservativ-monarchistischer Tradition, war das „unpreußisch", stand seinem geleisteten Fahneneid und dem Gehorsamskeitsgrundsatz ganz und gar entgegen.
„Es galt mit allem zu brechen, was mit der Ehre eines preußischen Soldaten verbunden war, vor allem mit dem Gelöbnis der Treue. Dabei mußten Besitz, Familie und Standesehre in die Waagschale geworfen werden,"[60] so seine eigenen Worte zu seinem für ihn nicht einfachen Weg in den Umkreis der Verschwörer des 20. Juli 1944, der den 1942 ernannten Oberstleutnant

26. Henning von Tresckow und Graf Hardenberg um 1941; Archiv Heimatverein Neuhardenberg

d. R. nach Scheitern des Attentats auf Hitler zum Ausschluss aus der Wehrmacht und ins Konzentrationslager führte.

Im Sommer 1942 wurde Feldmarschall Bock durch Hitler als Chef der Heeresgruppe abgelöst und sein Adjutant Hardenberg in die Reserve versetzt. Damit konnte er im Juli 1942 nach Neuhardenberg zurückkehren. Schloss und Park wurden nun nicht nur wie bisher zum beliebten Treffpunkt adliger Besucher, sondern immer stärker zum von der Gestapo unbemerkten Ort von Gesprächen und Konsultationen von Oppositionellen, Sympathisanten und Männern des aktiven Kerns der Verschwörung vom 20. Juli 1944.

Zu ihnen gehörten u. a. der mutige Attentäter Oberst Claus Graf Schenk v. Stauffenberg (erschossen 20.7.1944), der nachweisbar mindestens zweimal hier weilte, dessen Adjutant Werner v. Haeften (erschossen 20.7.1944), Verlobter von Hardenbergs Tochter Reinhild („Wonte"), Oberstleutnant Henning v. Treskow (Freitod 21.7.1944), dessen Onkel und Hardenbergs Chef Generalfeldmarschall v. Bock (gefallen 3.5.1945), Werner Graf v. der Schulenburg (1934 - 1941 Botschafter in Moskau, hingerichtet 10.11.1944), Fritz-Dietlof Graf v. der Schulenburg (hingerichtet 10.8.1944), Ursula v. Karsdorff (1911 - 1988), Prof. Eduard Spranger (1882 - 1963), Ullrich v. Hassell (hingerichtet 8.9.1944), Alfred Graf v. Waldersee (1898 - 1980), Ludwig Freiherr v. Hammerstein (geb. 1919), Kurt Freiherr v. Plettenburg (Freitod 10.3.1945), Georg Sigismund v. Oppen (geb. 1924), Ewald Freiherr v. Kleist-Schmerzin (hingerichtet 9.4.1945), Oberst Fritz Jaeger (hingerichtet 21.8.1944), Margarete v. Oven (geb. 1904). Mit aktiven Antifaschisten aus anderen Schichten, Sozialdemokraten, Gewerkschaftlern, Pfarrern, Kommunisten wie u. a. seinem Lebensretter Paul Hoffmann und Fritz Perlitz traf Hardenberg erst im KZ zusammen. Es spricht aber für seine Toleranz, dass er trotz Ablehnung des „Kommunismus als undeutsche Sache" deren Haltung im antifaschistischen Widerstand anerkannte und u. a. noch 1947 nach seiner Enteignung und Vertreibung aus Neuhardenberg in Briefkontakt mit Paul Hoffmann und Fritz Perlitz stand.

Carl-Hans Graf v. Hardenberg erklärte sich einverstanden, nach einem gelungenen Attentat als Oberpräsident, heute würden wir sagen als Ministerpräsident, von Berlin und Brandenburg zu wirken.

Als Hitler am 20. Juli das Attentat durch Stauffenberg im Führerhauptquartier überlebte, und es damit gescheitert war,[61] tobte in Neuhardenberg der Nazibürgermeister Zubke am 22. Juli 1944 gegen die „Verbrecher vom 20. Juli". Keiner der auf den Dorfanger befohlenen Kundgebungsteilnehmer ahnte, dass ihr anwesender Graf und Schlossherr dazugehörte. Am 24. Juli 1944 durch die Gestapo verhaftet, verließ er, zwangsweise und durch Selbsttötungsversuche verwundet, Neuhardenberg für immer und wurde in das KZ Sachsenhausen eingeliefert.[62] Seine Tochter Reinhild (Wonte) wurde ebenfalls inhaftiert, aber im Dezember entlassen. Die Güter wurden durch die Oberfinanzdirektion beschlagnahmt und Oberamtmann Bräuninger als Verwalter eingesetzt. Rüstungsminister Speer beabsichtigte nach einem Besuch vor Ort, das Schloss für sich zu beanspruchen. Dieses Vorhaben scheiterte durch den weiteren Kriegsverlauf.

Frau Renate Gräfin v. Hardenberg gelang es nach eigenen Schilderungen, mit Hilfe eines SS-Mannes aus dem KZ-Außenlager Wulkow beim Chef der SS Himmler Besuchserlaubnis für ihren Mann im KZ Sachsenhausen zu erhalten. Dem Prozeß vor dem berüchtigten Volksgerichtshof entging Hardenberg mit Unterstützung vieler politischer Mitgefangener, später dann durch die Befreiung durch die Rote Armee am 22. April 1945.

Fünf Tage früher, am 17. April 1945 wurde Neuhardenberg im Rahmen der furchtbar verlustreichen Schlacht um die Seelower Höhen von russischen und polnischen Truppen erobert und die Naziherrschaft beendet. Einen Tag vorher fiel noch in den Kämpfen in Letschin der Neuhardenberger Karl Thiele. Am 8. Mai 1945 schwiegen endlich die Waffen. Deutschland hatte bedingungslos kapituliert. 882 auf dem Gemeinde- und Soldatenfriedhof zur letzten Ruhe gebettete tote deutsche Soldaten und 93 auf dem Schlossvorplatz beigesetzte russische Armeeangehörige, eine große Zahl von Verwundeten u. a. im Lazarett des RAD-Lagers, 65 an den Fronten Europas gefallene Neuhardenberger,[63] viele verwundete und vermisste Väter und Söhne, 264 tote Zivilisten von Mai bis Dezember 1945 und noch unzählige weitere Opfer, viele Flüchtlinge und Vertriebene, befreite KZ-Häftlinge auch aus dem Lager Wulkow und Fremdarbeiter, Übergriffe auf die Zivilbevölkerung, Hunger und Seuchen, Zerstörungen an 43 Wohngebäuden und am Schloss, das und viel mehr Leid und Elend waren sichtbare Zeichen des Endes und Erbes von zwölf Jahren Naziherrschaft und fünf Jahren II. Weltkrieg in Neuhardenberg.

Der Wiederaufbau in dem durch die blutigste Schlacht auf deutschem Boden stark verwüsteten Oderbruch war schwer und ging nur langsam voran. 42,7% der Gebäude waren total zerstört, nur 17,8% unbeschädigt. 20 000 ha landwirtschaftlicher Nutzfläche waren im damaligen Kreis Lebus durch Kriegsschäden nicht benutzbar. In der Landwirtschaft des Kreises war gegenüber 1938 der Bestand an Rindern von 43146 auf 442, bei Schweinen von 59 936 auf nur 108 zurückgegangen. In Neuhardenberg gab es nur noch 8 Pferde und 1 Kuh. Minen und Munition, aber auch sterbliche Überreste gefallener deutscher, russischer und polnischer Kriegsopfer werden auch heute immer noch geborgen. Graf v. Hardenberg stellte sich sofort nach seiner Befreiung aus dem KZ als Mitarbeiter des Magistrats von Berlin und der Brandenburgischen Landesregierung dem Wiederaufbau der Landwirtschaft zur Verfügung. Durch die Bodenreform 1946 trotz seines antifaschistischen Widerstandes als Großgrundbesitzer enteignet, zog er mit seiner Familie in den westlichen Teil Deutschlands.

Auch danach rissen Verbindungen zwischen Dorfbewohnern und der Familie Hardenberg nicht ab. Dazu der Graf in Briefen vom 5.11.1946: *„... Wonte (alias Reinhild) ist nach 7 Wochen Berlin und Neuhardenberg gut zurückgekommen. Sie war tiefgerührt von der großen Liebe, mit der sie in unserer Heimat eigentlich von allen Anwohnern, einschließlich des Vorsitzenden der kommunistischen Partei, begrüßt worden ist. Die Bauern fürchten die Kolchose, da sie dem Ablieferungs-Soll nicht nachkommen können. Die Neusiedler haben schwer zu leiden in Ermangelung von Vieh und totem Inventar. ..."*[64], vom 11.11.1947: *„... Reppinchen, Görzer, Strauch, Engelke, Fahrenkampf und Dr. Borchert kamen nach Berlin und sahen eigentlich ganz wohl aus. Sie versorgten uns rührend mit Lebensmitteln, so daß wir keinen Mangel litten."*[65] und vom 18.12.1947: *„..., daß mich in Berlin immer alte Freunde aus Neuhardenberg besuchen. Ich selbst fahre dort nicht hin, weil die Leute, die man besucht, dann Unannehmlichkeiten haben. 98% der Bevölkerung sind treu, 3 bis 4 Denunzianten, und vorteilgenießende Leute haben sich umgestellt. ..."*[66]

Im Schloss waren 1945 erst deutsche, dann russische und polnische militärische Stäbe untergebracht. Bei seinem letzten Frontbesuch am 3. März 1945 betrat Adolf Hitler das Gebäude nicht, sondern befahl den deutschen Divisionskommandeur Voigtberger zur Durchhaltebesprechung auf den Dorfanger. Nach Kriegsende diente das Schloss zuerst als zeitweise Unterkunft für zahlreiche Flüchtlinge und Vertriebene und Getreidelager. Ernst Tietze ist es zu verdanken, dass aus dem umfangreichen Archiv der Gutsherrschaft 1680 Bände und 38 Karten vor der Vernichtung gerettet und 1950 dem heutigen Brandenburgischen Landeshauptarchiv übergeben wurden. Ihre Auswertung ist auch künftig eine lohnenswerte Aufgabe für die weitere sachliche Erkundung unserer interessanten und wechselvollen Ortsgeschichte.

Der Familie Hardenberg gelang es mit Hilfe von Prof. Dr. Eduard Spranger, 1945/46 Rektor der Berliner Universität, rund 4000 der wertvollen, 16000 Bände umfassenden Bibliothek des Fürsten Hardenberg in die Potsdamer Bibliothek zu überführen, wo sie sich noch heute befinden, und eine Reihe von Büchern und Herrschaftsakten für den Familienbesitz in Nörten-Hardenberg zu retten. Nach Informationen von Reinhild Gräfin v. Hardenberg lagern noch 41 Kisten mit Büchern der Hardenberg'schen Bibliothek als Beutegut in Russland, nur 165 Bände sind bisher aus Georgien zurückgekehrt.

Am 1. Mai 1949 wurde Neuhardenberg dann durch Beschluss der Gemeindevertretung in Marxwalde umbenannt. Vorgeschlagen als Ortsnamen wurden vom damaligen Landrat auch Marxberg und Thälmannberg. Einmal abgesehen von den Personennamen, die keine Verbindung zu Neuhardenberg hatten, lag unser Dorf auch damals weder im Walde noch auf einem Berg, sondern mit 10,8 - 14,0 m über dem Meeresspiegel schon immer am Rande des hochwassergefährdeten Oderbruches.[67] Zur Ortsumbenennung sei es gestattet, als Zeitzeugen den hier 40 Jahre von 1911 - 1951 in Quappendorf und Neuhardenberg tätigen Lehrer und verdienstvollen Heimatforscher Ernst Tietze (1887 - 1967) unkommentiert und ungekürzt, wenn auch nicht mit jeder seiner Aussagen übereinstimmend, zu zitieren. Er schrieb am 17. Dezember 1957 in einem bisher unveröffentlichten Beitrag:

„Durch die Umbenennung sollte der ‚Hardenbergsche Geist' bekämpft werden. Ich glaube nicht, daß dieser Hardenbergsche Geist ein fester Begriff ist. ‚Von der Parteien Gunst und Haß verwirrt schwankt sein Charakterbild in der Geschichte.' Den Geist des Staatskanzlers von Hardenberg kann man nicht meinen; denn wenn man Stein jetzt als den Vorkämpfer der deutschen Nation verehrt, als des Guten Grundstein, der Bösen Eckstein, der Deutschen Edelstein, kann man seinen Mitstreiter Hardenberg nicht ganz verdammen, auch nicht, weil er später der Reaktion unterlag. Oder meint man mit dem Har-

27. *Bibliothek im Schloss; Archiv Heimatverein Neuhardenberg*

denbergschen Geist den Geist des letzten Grafen von Hardenberg? Das kann auch nicht sein. Denn dieser Graf von Hardenberg hatte im Verein mit Stauffenberg klar erkannt, daß Hitler Deutschlands Untergang bedeutete, und hatte mit der Tat bewiesen, daß er diesem irrsinnigen Verbrecher ein Ende bereiten wollte. Am 24. Juli schoß er sich dann im Augenblick seiner Verhaftung im Schloß zwei Kugeln in die Brust. Er wurde verhaftet und entging nur durch die Befreiung Sachsenhausens dem Tode durch den Strang. Das alles geschah sicher nicht aus demokratischer Opferbereitschaft. Aber man kann jetzt den Antifaschisten Hardenberg, der als solcher 1945 durchaus anerkannt war und damals landwirtschaftlicher Bevollmächtigter unserer Regierung über 5 Kreise wurde, nicht plötzlich zum Faschisten stempeln. In Berlin will man Hardenberg ein Denkmal setzen, hier will man ihn als Verbrecher am Staat brandmarken. Ich glaube, daß beide Wege falsch sind."[68]

Carl-Hans Graf v. Hardenberg aber blieb, wie sein Bemühen um Gründung einer monarchistischen Partei mit dem Ziel einer „Monarchie im Gewande des 20. Jahrhunderts" und Wirken als Generalbevollmächtigter des Hohenzollervermögens und mit seiner Frau in der Stiftung „Hilfswerk 20. Juli 1944" beweist, seinen konservativen antifaschistischen Lebensprinzipien eines preußischen Adligen bis zu seinem Tode am 24. Oktober 1958 treu. Sein Wunsch, in seiner Heimat beigesetzt zu werden, wurde den Angehörigen in der DDR-Zeit verwehrt. Erst nach der Wiedervereinigung, als unser Dorf wieder den Namen Neuhardenberg zurückerhalten hatte, wurden die Urnen von Carl-Hans Graf v. Hardenberg und seiner Gattin Renate anlässlich seines 100. Geburtstages am 22. Oktober 1991 auf dem alten Familienfriedhof an der Schinkel-Kirche endgültig zur letzten Ruhe gebettet.

*28. Totenmaske
Carl-Hans
von Hardenberg;
Foto: Heimatverein
Neuhardenberg*

6. An der Schwelle zum nächsten Jahrhundert und zu neuem Glanz

In Marxwalde/Neuhardenberg ging das Leben unter veränderten gesellschaftlichen Verhältnissen weiter. Neubauern und Umsiedler, die durch die Bodenreform Land erhalten hatten, wie auch Altbauern fanden sich bald als Genossenschaftsbauern in den LPG wieder, Handwerker oft in den PGH, wie in der Elektro-PGH „Dynamo", Arbeiter in den volkseigenen Betrieben, so im VEB Holzverarbeitung. Soldaten der NVA-Luftstreitkräfte/Luftverteidigung und ihre Familien zogen ab 1958 in das Dorf ein, neue Wohnblocks, 2 Schulen, Kindergärten und -krippen und ein Kulturhaus wurden errichtet.

1988 wuchs die Zahl der Einwohner auf 3760, der Schüler auf 592. Von den Krippen wurden 224, von den Kindergärten 330 Kinder betreut.

Das Schloss beherbergte bis 1975 die Schule, weiter ein Dienstleistungszentrum und einen Jugendklub, von 1979 - 1991 die Bezirkskulturakademie. 1964 - 1967 wurde die Außenfassade, von 1983 bis zu den

29. Gruppenbild Familie Hardenberg;
Foto: Heimatverein Neuhardenberg

„11. Kulturfesttagen auf dem Lande" 1988 das Schlossinnere und der Park mit Mitteln der Denkmalspflege restauriert. Friedrich II. und Karl Marx hatten als Denkmale Blickkontakt. In der Orangerie waren Turnhalle und naturwissenschaftliche Fachunterrichtsräume, in den Kavaliershäusern Kindergarten, Apotheke, Bibliothek und die Gemeindeverwaltung untergebracht.

Mit der friedlich verlaufenden politischen Wende 1989 kam auch im Ort der Wandel. Aus Marxwalde wurde ab 1.1.1991 durch Beschluss der Gemeindevertretung wieder Neuhardenberg. Das Karl-Marx-Denkmal wurde aus dem Schlosspark auf den Dorfanger umgesetzt, das Denkmal für den preußischen König Friedrich II. im Park restauriert, der Obelisk auf dem Anger wieder errichtet, die letzte Ruhe der gefallenen Soldaten der Roten Armee vor dem Schloss nicht gestört.

Im Schloss wirkte bis 1994 eine rührige Kultur- und Bildungsstätte mit Hotel, Gastronomie, Konzerten im Gartensaal und einer Ausstellung über Hardenberg und den antifaschistischen Widerstand. Die Familie Hardenberg, besonders Astrid, Reinhild und Carl-Friedrich v. Har-

30. Heimatverein in Düsseldorf bei Reinhild Gräfin von Hardenberg; Foto: Heimatverein Neuhardenberg

31. Ulrich von Prittwitz bei seinem Besuch im Heimatverein Neuhardenberg am 08.05.02
(1. von links); Foto: Walburg Kupke

denberg sind jetzt ständige Besucher in ihrer alten Heimat. Sie über-
gaben wertvolle Materialien, Dokumente und Fotos zur Familiengeschichte und als wertvolle Leihgabe die Totenmaske von Carl-Hans
Graf v. Hardenberg. Die Kontakte zwischen der Familie Hardenberg
und Einwohnern wurden von Jahr zu Jahr enger, gegenseitige Vorbe-
halte immer mehr abgebaut. So weilte z. B. im März 2000 eine Delega-
tion unseres Heimatvereins bei den Hardenbergs in Düsseldorf. Der Erbe Gebhard Graf v. Hardenberg bewirtschaftet seit 1994 auf dem
zurückgegebenen Besitz in Lietzen 1500 ha eigene und 250 ha gepach-
tete Ackerflächen.[69]
Auch die Nachfahren der Prittwitz, besonders Ullrich v. Prittwitz und
seine Söhne, sind im Ort gern gesehene Gäste. Symbolisch dafür
waren das Familientreffen Mai 1993 im Schloss, die Überreichung ihrer Familiengeschichte durch Volker v. Prittwitz beim 1. Geschichtsforum unseres Heimatvereins am 30. Juni 2001 und die Hochzeit von
Dorothe v. Prittwitz und Felix v. Keudell am 23.6.2001 in der unter der
Herrschaft ihres Vorfahren errichteten Schinkel-Kirche. Auch die
Wulkower haben enge Kontakte zu Prof. Alexander v. Brüneck von der

32. Richtfest auf Schloss Neuhardenberg. Ministerpräsident Land Brandenburg Manfred Stolpe 5. von links; Foto: Heimatverein Neuhardenberg

Viadrina-Universität Frankfurt/O., einem Enkel des letzten Schlossbesitzers.

Das der Familie Hardenberg rückübertragene Schloss mit Park Neuhardenberg wurde 1996 vom „Deutschen Sparkassen- und Giroverband" erworben. Das Schlossensemble wurde unter Beachtung strenger Auflagen der Denkmalspflege großzügig mit hohem finanziellen Aufwand im alten Glanz und den Anforderungen der Zukunft entsprechend zweckmäßig rekonstruiert. Der Park wurde ebenfalls neu gestaltet. Schlossgelände und Park sind für Einwohner und die zahlreichen Besucher öffentlich zugänglich.

Die „Stiftung Schloss Neuhardenberg" unter ihrem Generalbevollmächtigten Bernd Kauffmann als neuem Schlossherrn lässt den preußisch-klassizistischen Edelstein Neuhardenberg auch über Landesgrenzen hinaus wieder neu erstrahlen und bringt internationale gesellschaftliche und kulturelle Atmosphäre in unseren Ort.

Die Teilnahme des Bundespräsidenten Johannes Rau und des damaligen Brandenburgischen Ministerpräsidenten Manfred Stolpe bei der fei-

33. Schloss Neuhardenberg 2002; Foto: Heimatverein Neuhardenberg

34. Schloss Neuhardenberg 2002, Ansicht vom Denkmal; Foto: Heimatverein Neuhardenberg

35. Bundespräsident Johannes Rau (2. Von links) eröffnet Schloss Neuhardenberg; 8.5.2002
Foto: Märkische Oderzeitung

erlichen Einweihung der Einrichtung am 8. Mai 2002 als ranghöchste Gäste unterstreichen die Bedeutung.

Die anschließenden Festtage bis 11. Mai mit international hervorragenden Künstlern waren nicht nur für die heutigen Nachfahren der früheren Schlossbesitzer aus den Adelsgeschlechtern der Prittwitz und Hardenberg, sondern auch für die Neuhardenberger Einwohner und die zahlreichen Gäste aus nah und fern ein eindrucksvolles, von den Medien stark beachtetes, unvergessliches Erlebnis.

So werden hier vor Ort progressive preußische Traditionen des Adels und anderer fortschrittlicher Kräfte im neuen Gewand des 3. Jahrtausends verwirklicht.

Standesherren

Standesherren auf Quilitz/Neuhardenberg

1348	Erste urkundliche Erwähnung von Quilitz
um 1580	Quilitz besteht aus 3 Lehnsteilen der Schapelow, Pfuel und Beerfelde

1679 - 1762 Ära der Kurfürstin Dorothea und der Markgrafen auf Quilitz

1679 - 1684	1. Kurfürstin Dorothea v. Brandenburg (1636 - 1689)
1684 - 1731	2. Markgraf Albrecht Friedrich v. Brandenburg-Sonnenburg (1672 - 1731) (Sohn der Vorgängerin)
1731 - 1762	3. Markgraf Carl Albrecht v. Brandenburg-Sonnenburg (1705 - 1762) (Sohn)

1763 - 1811 Ära Prittwitz auf Quilitz

1763 - 1793	1. Joachim Bernhard v. Prittwitz (1726 - 1797)
1793 - 1797	2. Maria Eleonore v. Prittwitz (Verwaltung durch Söhne) (1739 - 1799), (Ehefrau)
1797 - 1811	3. Friedrich Wilhelm Bernhard v. Prittwitz (1764 - 1843), (Sohn)

1814 - 1945 Ära Hardenberg auf Neuhardenberg

1814 - 1822	1. Karl August Fürst v. Hardenberg (1750 - 1822)
1822 - 1840	2. Christian Graf v. Hardenberg-Reventlow (1775 - 1840), (Sohn)
1840 - 1866	3. Carl Adolf Christian Graf v. Hardenberg (1794 - 1866), (Neffe des Fürsten)
1866 - 1873	4. Carl Hildebrandt Christian Graf v. Hardenberg (1827 - 1873), (Sohn)
1873 - 1912	5. Carl Friedrich Graf v. Hardenberg (1854 - 1912), (Sohn) (lange Zeit unter Vormundschaft des Bruders)
1912 - 1921	6. Kuno Hildebrandt Christian Graf v. Hardenberg (1855 - 1921), (Bruder)
1921 - 1945	7. Carl-Hans Graf v. Hardenberg (1891 - 1958), (Neffe).

Aufenthalte von Karl August Fürst von Hardenberg in Neuhardenberg (nach eigenen Tagebuchaufzeichnungen)

1816   **1 x, 5 Tage**

01.11. - 05.11.1816 (erster Aufenthalt, Jagd)

1817   **2 x, 18 Tage**

24.05. - 02.06.1817 (Geb., Frau, Hähnel, Gneisenau, W. v. Humboldt)

29.10 - 05.11.1817 (Einweihung Kirche am 02.11. zum 300. Jahrestag der Reformation)

1818   **1 x, 22 Tage**

06.06. - 27.06.1818 (Familienkonferenz; Besuch bei Thaer, Neubart)

1819 - -

1820 - -

1821   **9 x, 71 Tage**

07.05. - 09.05.1821

17.05. - 25.05.1821

31.05. - 06.06.1821 (Geb., Hochzeit Haenel, verh. Kimsky)

24.06. - 28.06.1821

09.08. - 22.08.1821

24.08. - 29.08.1821

05.09. - 19.09.1821

29.09. - 03.10.1821 (Erntefest, Jagd)

15.11. - 21.11.1821 (Jagd)

1822   **7 x, 49 Tage**

25.04. - 08.05.1822 (Pückler, Repton)

22.05. - 04.06.1822 (Geb., Schinkel u. Neubart, Bauzeichnungen, „Bau angefangen")

08.06. - 11.06.1822

22.06. - 26.06.1822

13.07. - 17.07.1822 (Schinkel)

22.07. - 25.07.1822

12.09. - 14.09.1822 (letzter Aufenthalt in Neuhardenberg; Kimsky, Pückler)

Insgesamt:

1816 - 1822   20 x an 165 Tagen

Anmerkungen

1   Von 1814 - 1990 waren auch in amtlichen Dokumenten beide Schreibweisen „Neuharden-
    berg" und „Neu-Hardenberg", ab 1991 nur „Neuhardenberg" gebräuchlich.
    Einwohner (Stand 01.03.02): Neuhardenberg (ohne Ortsteile) 2115; Altfriedland 234;
    Bärwinkel 48; Gottesgabe 82; Karlsdorf 50; Neufeld 69; Wulkow 286.
2   „Familiengeschichte von Prittwitz ...", Vorwort
3   Theodor Fontane „Wanderungen ..." Band „Das Oderland", Aufbau-Verlag, S. 151
4   Dr. Reinhard Schmock „Das Pfuel-Epitaph ..." in Heimatkalender Bad Freienwalde 1999,
    S. 69ff.
5   T. Fontane „Wanderungen ...", S. 152
6   „Familiengeschichte ...", S. 10
7   T. Fontane „Wanderungen ...", S. 158
8   Ders. „Wanderungen ..." Band „Das Ruppiner Land", S. 312
9   „Familiengeschichte ...", S. 3
10 T. Fontane „Wanderungen ...", S. 155
11 „Familiengeschichte ...", S. 11
12 Kopie Urkunde vom 03.12.1770 im Heimathaus Neuhardenberg
13 Eckart Rüsch „Die Baugeschichte von Neuhardenberg (Quilitz) 1793 bis 1814", S. 17
14 BLHA Rep.37 Neuh. Nr.328 Bl.23
15 E. Rüsch „Die Baugeschichte ...", S. 16
16 BLHA Rep.37 Neuh. Nr.162 Fol.9
17 Fred Nespethal „Erlebtes und Aufgeschriebenes aus dem 19. Jh. ...", S. 16
18 E. Rüsch „Die Baugeschichte ...", S. 16
19 Pfarrarchiv Neuhardenberg, Brief vom 17.01.1810
20 Notablenversammlung: Vom Staatskanzler Hardenberg am 27.10.1810 einberufene
    Versammlung ausgewählter Repräsentanten zur Durchsetzung der Oktoberedikte.
21 Ewald Frie „Friedrich August Ludwig von der Marwitz", S. 276
22 GStAB, Rep.92 Hardenberg H5 VII, Fol.3
23 Ernst Tietze „Bilder zur Kultur- u. Schulgeschichte v. Neuh.", S. 16
24 Fürstendiplom siehe: Peter G. Thielen „K. A. v. Hardenberg – eine Biographie" Dok.18;
    „Abschrift von Abschrift als Anlage zum Familienrezeß v. 30.6.1818" Besitz J. Schramm
25 Hans Bentzien „... und überhaupt zeige man Charakter", S. 3
26 H. Bentzien „Unterm roten und schwarzen Adler", S. 191
27 Kabinettsorder siehe: GstA PK I Rep.92, Nachlass Hardenberg, Nr.1083; Abschrift, Besitz
    J. Schramm; Tagebuchnotiz v. 7.11.1814 in Anm. 28, S. 804
28 Verleihungs-(Dotations-)Urkunde siehe: BLHA Rep. 37 Neuh. Nr.790 Bl.18f.; Thielen
    Dok.20; Kopie im Heimathaus
29 E. Tietze „Chronik von Marxwalde" Teil III, S. 37
30 Thomas Stamm-Kuhlmann „Karl August v. Hardenberg 1750 - 1822 Tagebücher u. auto-
    biographische Aufzeichnungen", S. 890
31 E. Tietze „Chronik ....", S. 38
32 Kurt Ritter „A. Thaer 1752-1828" in „Die Großen Deutschen" Bd. 3, S. 264
33 T. Stamm-Kuhlmann „Tagebücher", S. 834
34 Ebenda, S. 1007
35 Ebenda, S. 839f.
36 Ernst Wipprecht „Das Neuhardenberger Schloß." in „Quilitz–Marxwalde–Neuhardenberg
    ...", S. 79
37 H. Bentzien „... und überhaupt ...", S. 41
38 T. Stamm-Kuhlmann „Tagebücher ...", S. 860
39 Ebenda, S. 1020; „Ankunft der Kimsky am Abend." Meinung in Berlin nach Varnhagen,
    Tagebblätter vom 10.12.1822: „Nun hat ja Wittgenstein (Innenminister), was er gewollt hat!
    Die Kimsky hat es dem Kanzler richtig mitgegeben, und ohne die lebte er gewiß noch! - Es
    werden vielerlei Dinge von diesem Frauenzimmer erzählt. Sie verursachte in dem Kreise

des Kanzlers unaufhörliche Spannungen, Verdrüsse, leidenschafliche Auftritte, ihm selbst Unruhe, Verstimmung, ja sogar nachteilige körperliche Reizung; man gibt in letzterer Hinsicht allerlei Abscheuliches zu verstehen; kurz, man sieht ihre Mitreise nach Italien als die Beschleunigung seines Endes an!"

40 Wörtlich: „Der Sohn setzte der frommen Seele" – ein Mausoleum (Märkische Oderzeitung vom 29.01.02)
41 H. Bentzien „... und überhaupt ...", S. 22
42 Peter Thielen „Karl August v. Hardenberg", S. 368
43 Carl H. Ch. v. Hardenberg „Kurze historische Abhandlung über Quilitz/Neuh." (Abschrift)
44 Ebenda
45 F. Nespethal „Erlebtes ...", S. 86
46 Ebenda, S. 72
47 Ebenda, S. 72f.
48 Ebenda, S. 60
49 BLHA Pr. Br. Rep.3B Ab. I Präs. Nr.299 Bl.87f
50 Ebenda
51 BLHA Rep.37 Herrschaft Neuh. Nr.736 Bl.1f
52 Siehe: „Kurze hist. Abhandlung ..."
53 E. Wipprecht „Das Neuh. Schloß ...", S. 95
54 Gisela Heller „Unterwegs mit Fontane ...", S. 247
55 F. Nespethal „Erlebtes ...", S. 87
56 „Gemeinde-Kriegschronik", S. 156 (Pfarrarchiv Neuhardenberg)
57 Klaus Gerbet „Carl-Hans Graf v. Hardenberg ...", S. 59
58 Ebenda, S. 57
59 J. Fest „Staatsstreich – Der lange Weg zum 20. Juli", S. 178f.
60 Carl-Hans Graf v. Hardenberg „Das Wohl des Volkes verlangt den vollen Einsatz von uns" in Günter Agde: „Ein deutsches Schicksal im Widerstand", S. 26f.; siehe auch: H. D. Kittsteiner „Adel, Ehre, Gehorsam" in „Preußische Tugenden", S. 159ff.
61 Karl Fischer aus Letschin: „Am 20. Juli fuhr ich Stauffenberg" (Fernsehdokumentation von H. Bentzien, ORB 1994)
62 Nach Auskunft von Herrn K. H. Wildt, Neuhardenberg (von Juli 1943 - 27. Januar 1945 als Obergefreiter beim technischen Personal auf dem hiesigen Flugplatz mit 18 zu der Zeit stationierten Militärangehörigen) lehnte der Flugplatzkommandant Oberfeldwebel Hase es ab, bei der Verhaftung von Carl-Hans Graf von Hardenberg am 24. Juli 1944 das Schloss durch seine Luftwaffensoldaten zu umstellen. Diese Aufgabe übernahmen dann Angehörige des RAD-Lagers Neuhardenberg.
63 Von den 65 gefallenen Soldaten aus Neuhardenberg war 1940 Otto Jahn der erste und am 16. April 1945 Karl Thiele, bestattet mit 65 anderen deutschen Soldaten auf dem Gemeindefriedhof, der letzte Kriegstote. In den letzten Kriegsmonaten 1945 fielen noch 11 Neuhardenberger. (Siehe Gedenktafel in der Kirche.) Die 1945 gefallenen 816 deutschen Wehrmachtsangehörigen, die auf dem Soldatenfriedhof am Flugplatz beigesetzt waren, wurden 1976 nach Wulkow bei Booßen umgebettet. (Information L. Banse)
64 G. Agde „Ein deutsches Schicksal ...", S. 160
65 Ebenda, S. 155
66 Ebenda, S. 164
67 Siehe verschiedene Dokumente im Heimathaus; auch: Darstellung von H. Knobloch in „Marxwalde: Vorgefundene Geschichte" aus „Feuilletons und Fotos ..." von 1979
68 E. Tietze „Bilder zur Schul- u. Kulturgeschichte von Quilitz/Neuh.", S. 38 Einlage
69 Siehe: M. Stark „Friedrich-Carl und Gebhard v. Hardenberg ..." in „Adlige Rückkehrer ...", S. 35ff.

Mein Dank für Hilfe, Ratschläge und Unterstützung gilt besonders Lothar Banse, Hans Bentzien, Irmgard Busch, Walburg Kupke, Rüdiger Mertens, Ullrich v. Prittwitz, Lutz Richter, Jochen Schramm, Frieda Werkmeister, Dietmar Zimmermann, Pfarrer Fröhling, Frau Bastigkeit vom Pfarrarchiv und meiner lieben Frau Waltraut.

Literaturauswahl

Zur Ära der Kurfürstin Dorothea und der Markgrafen in Quilitz 1679 - 1762:
Bruno Gloger „Friedrich Wilhelm – Kurfürst von Brandenburg", Verlag Neues Leben 1985

Zur Prittwitz-Ära in Quilitz 1763 - 1811:
Theodor Fontane „Quilitz von 1763 - 1814" in „Wanderungen durch die Mark Brandenburg" Band „Das Oderland"
Ullrich v. Prittwitz „Familiengeschichte – Zeitgeschichte von Prittwitz und Gaffron Haus Kasimir von 1726 - 1946" Bd. 1, Regensburg 1996
Gregor Geismeier „Prittwitz und der Dank des Königs" in „Die Mark Brandenburg" Heft 38/2000
Christian Wilhelm v. Prittwitz „Ich bin ein Preuße ...", Hütteman-V. Paderborn 1989
Fred Nespethal/Walburg Kupke „Der Neuhardenberger Pfarrer Boehmer – ein preußischer Schulreformer" in „Frankfurter Jahrbuch 2001"

Zu Karl August Fürst v. Hardenberg (1750 - 1820):
Theodor Fontane „Neu-Hardenberg (Quilitz) seit 1814" in „Wanderungen ..."
F. Arndt „Hardenbergs Leben und Wirken", Verlag v. H. R. Fahlisch, Berlin 1864
Leopold v. Ranke „Denkwürdigkeiten des Staatskanzlers von Hardenberg" 5 Bde., Leipzig 1877
Karl Griewank „Hardenberg 1750 - 1822" in „Die Großen Deutschen" Bd. 3., Propyläen-Verlag 1936
Heinrich v. Treitschke „Napoleons Sturz", bes. 3. Kapitel „Hardenberg", Verlag die Heimbücherei, Berlin 1942
Hans Hausherr „Hardenberg. Eine politische Biographie", Böhlau-Verlag 1963
Peter G. Thielen „Karl August von Hardenberg 1750 - 1822. Eine Biographie", Köln, Berlin 1967
Heinz Ohff „Karl August von Hardenberg oder die Klugheit einer Schlange" in „Auch sie waren Preußen", Safari-Verlag, Berlin 1979
Elfi Haller „Karl August Freiherr v. Hardenberg", Bayrische Vereinsbank 1987
Thomas Stamm-Kuhlmann „König in Preußens großer Zeit – Friedrich Wilhelm III", Siedler-Verlag 1992
Thomas Stamm-Kuhlmann „Karl August von Hardenberg 1750 - 1822, Tagebücher und autobiographische Aufzeichnungen", H. Boldt-Verlag, München 2000
Hans Bentzien „Unterm roten und schwarzen Adler", Verlag Volk und Welt 1992
Hans Bentzien „Karl August v. Hardenberg ... und überhaupt zeige man Charakter", Ausgabe für Verein Schloss Neuhardenberg 1992
Hans Bentzien „Überhaupt zeige man Charakter", Westkreuz Verlag 2002
Ewald Frie „Friedrich August Ludwig v. d. Marwitz 1777 - 1837, Biographien eines Preußen", F. Schöningh-Verlag 2001
Meinhard Stark „Karl August Fürst v. Hardenberg: Reformer und Staatskanzler" in „Adlige Rückkehrer im Land Brandenburg", Metropol Verlag 2001
Justus Fetscher „Diktieren in die Feder macht mich irr" in „Ein Traum was sonst? – Preußische Tugenden", Wallstein Verlag 2002
Cornelia Vismann „Hardenberg, Verschlußsache" in „Ein Traum was sonst? - ..."
Eckart Goebel „GRACIA REGIS" in „Schloss Neuhardenberg", Herausgeber DSGV und „Stiftung Schloss Neuhardenberg" 2002

Zu Carl-Hans Graf v. Hardenberg (1891 - 1958):
Günter Agde „Carl-Hans Graf v. Hardenberg – Ein deutsches Schicksal im Widerstand", Aufbau-Verlag 1994
Klaus Gerbet „Carl-Hans v. Hardenberg Graf v. Hardenberg 1891 - 1958. Ein preußischer Konservativer in Deutschland", Edition Hentrich 1993
Kurt Finker/A. Busse „Stauffenberg und der 20. Juli 1944", Union Verlag 1984
Joachim Fest „Staatsstreich – Der lange Weg zum 20. Juli", btb Goldmann Verlag 1997

Reinhard Potranz „Carl-Hans Graf v. Hardenberg: Ein märkischer Widerstandskämpfer gegen die nationalsozialistische Diktatur" in „Adlige Rückkehrer ...", Metropol-Verlag.
H. D. Kittsteiner „Adel, Ehre und Gehorsam ... Anmerk. zum Silvesterbericht des C. H. Graf v. Hardenberg" in „Ein Traum, was sonst? Preußische Tugenden"
Eckart Goebel „Ein Preuße im Widerstand" in „Schloss Neuhardenberg", Herausgeber DSGV und „Stiftung Schloss Neuhardenberg" 2002
Reinhild Gräfin v. Hardenberg „Immer auf neuen Wegen – Erinnerungen", Stiftung Schloss Neuhardenberg 2002

Zu Neuhardenberg (Ort, Kirche, Schloss und Park):
„Historisches Ortslexikon für Brandenburg" Teil VI Barnim, Weimar 1980 und Teil VII Lebus, Weimar 1983
„Historische Stätten Deutschlands" Bd. 10 Berlin und Brandenburg, A. Körner-Verlag 1995
„Brandenburgisches Namenbuch, Teil 8 Die Ortsnamen des Landes Lebus", H. Böhlaus Verlag 1994
Theodor Fontane „Wanderungen durch die Mark Brandenburg – Das Oderland", Aufbau-Verlag 1976
Gisela Heller „Unterwegs mit Fontane in Berlin und der Mark Brandenburg", Nicolai-Verlag 1993
Heinz Knobloch „Marxwalde: Vorgefundene Geschichte" in „Feuilletons und Fotos von Assuan bis Werneuchen", Mitteldeutscher Verlag 1979
„Knauers Kulturführer – Brandenburg" 1998
„Neuhardenberg – Eine Spurensuche", arani-Verlag 1993
„Neuhardenberg. Schloss, Park und Kirche" DKV-Kunstführer 430/2, 2002
„Schloss Neuhardenberg", herausgegeben vom „Deutschen Sparkassen- und Giroverband" und der „Stiftung Schloss Neuhardenberg", 2002
„Quilitz – Marxwalde – Neuhardenberg 1348 - 1998. Zeugnis deutscher Geschichte und europäischer Baukunst", M. Sandstein-Verlag 1998
„Festbroschüre 650 Jahre Neuhardenberg" 1998

Studien zur Geschichte von Neuhardenberg (hg. v. Heimatverein Neuhardenberg e.V.):
Band 1: Eckhart Rüsch „Die Baugeschichte von Neuhardenberg (Quilitz) 1793 bis 1814. Märkische Landbaukunst und Frühwerke Karl Friedrich Schinkel", Michael Imhof Verlag, Petersberg 1997
Band 2: Christian und Walburg Kupke „Schulgeschichte eines märkischen Dorfes in Wort und Bild", Michael Imhof Verlag, Petersberg 1998
Band 3: Dietbert Lang und Horst Materna „Der Flugplatz Neuhardenberg, Maxwalde, Neuhardenberg. Vom geheimen Einsatzhafen des Dritten Reiches zum Regierungsflugplatz der DDR", Berlin 1998
Band 4: Fred Nespethal „Erlebtes und Aufgeschriebenes aus dem 19. Jahrhundert. Nach Tagebuchaufzeichnungen von Christian Petersdorff, Neu Hardenberg", Michael Imhof Verlag, Petersberg 1999
Band 5: Annett Gries und Klaus-Peter Hackenberg „Von der gewachsenen Struktur zum gestalteten Ensemble: Quilitz, Marxwalde, Neuhardenberg. Zur Geschichte und Gestalt einer märkischen Kulturlandschaft", Michael Imhof Verlag, Petersberg 1999
Band 6: Dietmar Zimmermann „Aus der Postgeschichte Neuhardenbergs (Marxwalde) und die Postagenturen im Landkreis Märkisch-Oderland", Michael Imhof Verlag, Petersberg 2000
Band 7: Frank Munzig und Dietmar Zimmermann „10 Jahre Neuhardenberg", Michael Imhof Verlag, Petersberg 2001

Weitere Informationen:
Heimatverein Neuhardenberg: www.neuhardenberg.org.
Ausstellungen im „Heimathaus", in der „Alten Schule", in der Schinkel-Kirche, im Schloss Neuhardenberg und im „Langen Haus" Altfriedland
Video „Neuhardenberg – Zwischen Staatsreform und Staatsstreich", herausgegeben vom „Deutschen Sparkassen- und Giroverband", 2002

Fred Nespethal

HARDENBERG AUF TEMPELBERG – THAER AUF MÖGLIN

Tempelberg und Möglin am Rande des Oderbruchs, zwei Orte, die nur ca. 25 km voneinander entfernt und durch zwei berühmte Männer, Karl August Fürst v. Hardenberg (1750 - 1822) und Albrecht Daniel Thaer (1752 - 1828) eng miteinander verbunden sind.

Tempelberg wurde 1244 erstmalig als Besitz des Templerordens erwähnt. Später wechselte es oft seinen Lehnsmann, und um 1412 ist das ein gewisser Hans Wolff. Ende des 17. Jahrhunderts taucht der Name v. Wulffen auf, aus dessen Ahnenreihe sich 6 Grabsteine in der kleinen Kirche befinden. 1802 erwarb Karl August v. Hardenberg das Gut Tempelberg von Friedrich Georg v. Wulffen.

Wer war der neue Besitzer, wo kam er her? Karl August von Hardenberg wurde am 31. Mai 1750 in Essenrode/Hannover als Spross einer alten und noch heute weit verbreiteten Adelsfamilie geboren. Er studierte in Göttingen und Leipzig Jura, arbeitete ansch-

1. Büste von Karl August Fürst von Hardenberg; Quelle: Lebuser Kreismuseum Müncheberg, Aufnahme vor 1945

ließend am Reichskammergericht Wetzlar, unternahm eine einjährige Studienreise, war von 1775 - 1882 in hannoverschen Staatsdiensten und in dieser Zeit auch in England, erhielt 1788 den Grafentitel, wurde Geheimer Kammerrat und verfasste 1780 eine Denkschrift zur Staatsreform. 1782 wechselte er für 9 Jahre in den Staatsdienst von Braunschweig-Wolfenbüttel. Seit 1790 in preußischen Diensten, zuerst im Range eines Ministers der Markgrafschaft Ansbach-Bayreuth und 1798 vom König nach Berlin berufen, verfasste er eine weitere Reformdenkschrift. Seine Besitzungen verlegte Hardenberg nun von Hannover nach Preußen mit Wohn- und Arbeitssitz in Berlin im Palais am Opernplatz und ab 1802 Tempelberg als Landsitz. So wurde aus dem „Wahlpreußen" ein „Stammpreuße".

Warum aber einen Landsitz, wo er doch in Berlin u. a. 1803 als Stellvertreter, ein Jahr später als Chef des Außenministeriums voll ausgelastet war?

So erfolgreich Hardenberg als Staatsmann, als Reformer Preußens war (der Preußenkenner Hans Bentzien bezeichnet ihn als wohl bedeutendsten Politiker zwischen Friedrich II. und Bismarck, den unser Land besaß, Königin Luise nannte ihn den einzigen Freund des Königs), so wenig Erfolg hatte er mit seinen Ehen. 1801 war er schon zweimal geschieden und seine neue Angebetete, die Sängerin Charlotte Schönemann, die er erst 1807 heiratete, war am königlichen Hof nicht standesgemäß. Sogar sein Sohn Christian, der spätere Erbe von Neuhardenberg, distanzierte sich deshalb zeitweise von seinem Vater.

So wurde Tempelberg nicht nur zum Landsitz für den nun schon 52-jährigen Staatsmann, sondern zugleich Wohnsitz für seine angebetete Lotte, die hier einen Kreis musisch interessierter Besucher um sich scharte, wie u. a. Schauspielerkollegen, den Theaterdirektor Iffland und den Maler Bernasconi.

Zwölf Jahre lang bis 1814 wurde Tempelberg für Hardenberg für eine Reihe von Tagen auch Ort aktiven politischen Wirkens, war er doch in dieser schweren Zeit der entscheidende preußische Staatsmann und besaß zeitweise mehr Einfluss

2. Gutshaus Tempelberg um 1925; Quelle: Klaus Stieger, Müncheberg

als der unentschlossene König Friedrich Wilhelm III. Sein Reformziel
war eine moderne Monarchie mit einem König als Repräsentanten, einer Regierung von Fachleuten mit straffer bürokratischer Leitung und
einem verfassungsgerecht gewähltem Parlament. Dafür arbeitete, ja
schuftete er auch in diesen Jahren trotz Alter und Krankheit. Aber das
hat Hans Bentzien in seinem am 29. April 2002 im Schloss Neuhardenberg vorgestelltem Buch „Überhaupt zeige man Charakter" kenntnis-
reich, überzeugend und verständlich dargestellt. Wir können uns im
Rahmen dieser Schrift unseres Heimatvereins auf die territorialen
Aspekte und Ereignisse beschränken.

So empfing Hardenberg in Tempelberg nicht nur Verwandte, Freunde
und Mitarbeiter, sondern hielt von hier ständige persönliche oder briefliche Kontakte zum königlichen Hof und zu reformwilligen Politikern.
Nach seiner 1806 auf Betreiben Napoleons erfolgten Beurlaubung als
Außenminister wurde Tempelberg mit Billigung König Friedrich Wilhelm III. illegale Schaltzentrale für die Verbindungen Preußens mit dem
Zaren Alexander I. von Russland.

Umfangreich waren seine zumeist politisch motivierten Kontakte zu
Nachbarn. Besonders eng, zahlreich und vertrauensvoll waren diese zu
Prittwitz aus Quilitz, der eine einflussreiche Stellung im Kreis Lebus
einnahm und bis zu seinem Wegzug 1811 oft ausgleichend zwischen
Hardenberg und den konservativen Kräften um Marwitz aus Friedersdorf wirkte. 1803 hatte Hardenberg diesem noch seine Stimme bei
dessen Wahl zum Lebuser Kreisdeputierten gegeben.

Aber auch der Lebuser Landrat Lehmann, Itzenplitz aus Kunersdorf,
Pfuel aus Schulzendorf, Amtmann Baat aus Sachsendorf, Superinten-
dent Noack u. a. zählten zu seinen Besuchern und Gesprächspartnern.
In Tempelberg standen aber ebenfalls die Pflichten als Gutsherr auf dem
Arbeitsprogramm.

Leitung eines landwirtschaftlichen Betriebes war trotz Fachleuten vor
Ort für Hardenberg ein neues Betätigungsfeld. Auch für die geplanten
Agrarreformen brauchte er weitere sachkundige Ratgeber. Deshalb
schrieb er im Februar 1804 in einem Brief folgende Einladung: *„Für mich
würde nichts erwünschter sein als die Möglichkeit, mich recht oft Ihres ange-
nehmen und lehrreichen Umgangs erfreuen zu können, aber noch größer würde meine Zufriedenheit sein, wenn ich Sie dem Preußischen Staat erwerben
könnte."*[1]

Diese umworbene Persönlichkeit, Hannoveraner wie Hardenberg, war kein geringerer als Albrecht Daniel Thaer, geboren vor 250 Jahren am 14. Mai 1752 in Celle. Beide kannten sich schon aus Begegnungen in Hannover. Thaer ließ sich nach einem Medizinstudium, das er mit der Dissertation über das Nervensystem und neuralpathologische Vorgänge 1774 abschloss, in seiner Vaterstadt Celle als Arzt nieder. Nach anfänglichen Schwierigkeiten brachte er es dort 1796 bis zum kurfürstlich-königlichen Leibarzt. In seinem „Medizinischen Testament" setzte er sich u. a. stark für eine Verbesserung der

3. Albrecht Daniel Thaer; Quelle: nach einem Bild von J. de Lose, gestochen von H. Lips

Ausbildung der Ärzte und eine qualifiziertere medizinische Versorgung auf dem Lande ein.

Seine Leidenschaft war aber die Landwirtschaft. So stieg er Schritt um Schritt zu einem international anerkannten Agrarwissenschaftler auf, der 1784 Mitglied der königlichen hannoveranischen Landwirtschaftsgesellschaft wurde und eine Reihe Schriften veröffentlichte, wie u.a. 1798 - 1804 die 3-bändige „Einleitung zur Kenntniß der englischen Landwirtschaft". Hardenberg ging es darum, diesen bekannten Agrarwissenschaftler in die märkische Streusandbüchse nach Preußen zu holen, um die Agrarreformen durch Verbindung mit neuesten wissenschaftlichen Methoden des Ackerbaus und der Viehwirtschaft erfolgreich umzusetzen.

Thaer sagte nach einem sicher durch Hardenberg beeinflussten Einladungsschreiben des preußischen Königs Friedrich Wilhelm III. vom 19. März 1804 zu, denn das Angebot war wirklich vielversprechend:

Aufnahme in die Akademie der Wissenschaften mit dem Titel Geheimer Kriegsrat, 3 - 400 Morgen Acker des Amtes Wollup in Erbpacht mit dem Recht, es zu veräußern und dafür ein Rittergut zu kaufen (ein besonderes Privileg, denn Bürgerliche durften in Preußen vor 1810 nur in Ausnahmefällen ein Rittergut erwerben) sowie Schutz und Begünstigung des landwirtschaftlichen Instituts.

Bestärkt durch diese Zusagen besuchte Thaer vom 15. - 17. Juni 1804 seinen Gönner in Tempelberg, verkaufte seinen Besitz in Hannover und zog noch im selben Jahr 1804 nach Preußen. 1799 und 1801 hatte er schon bei Besuchen von Helene Charlotte v. Friedland und der Familie Itzenplitz aus Kunersdorf die Gegend des Oderbruches und Barnimer Landes kennen gelernt und Kontakte geknüpft. Hier in dieser Gegend gab es eine Reihe für den landwirtschaftlichen Fortschritt aufgeschlossene Gutsherren, wie die legendäre Frau von Friedland, ihre Tochter Henriette Charlotte und ihren Schwiegersohn Peter Ludwig Graf v. Itzenplitz auf Kunersdorf, Marwitz auf Friedersdorf, Podewills auf Gusow-Platkow, nicht zu vergessen auch Hardenberg auf Tempelberg.

So erwarb Thaer das gerade zum Verkauf anstehende Rittergut Möglin mit 250 ha und das Vorwerk Königshof mit 50 ha. 1826 kaufte er noch Lüdersdorf und Biesdorf dazu.

Möglin, damals Kreis Oberbarnim, heute Kreis Märkisch-Oderland, wurde erstmalig 1343 als Mogelin erwähnt. Besitzer waren zeitweise die Pfuehl und Barfuß, dann von 1778 - 1794 Paul Benedikt v. Wolf, dann bis 1804 ein v. Clermont.

4. Helene Charlotte von Lestwitz, genannt Frau von Friedland, mit Kind;
Quelle: Familienbesitz

1801 existierten im Ort 13 Feuerstellen, 1817 wurden 113 Einwohner ge-
zählt.
Seinen Wohnsitz, heute „Albrecht-Daniel-Thaer-Gedenkstätte", das
1592 von Henning v. Barfuß erbaute Herrenhaus, erweiterte Thaer und
nutzte es hauptsächlich für Bildungszwecke und Veranstaltungen.
1806, während der schweren Zeit der Niederlage Preußens gegen Napoleon und der französischen Besatzungszeit, eröffnete er hier das erste deutsche landwirtschaftliche Lehrinstitut, ab 1819 „Königlich
Preußische Akademie für Landbau", wo bis zu ihrer 1861 erfolgten
Schließung 773 Landwirte ausgebildet wurden, darunter 40 aus Russland und 32 aus Polen. Anfänglich 1806 kamen von 21 Angemeldeten
nur 3, ein Jahr später 8. Erst nach den Befreiungskriegen 1813/14 ver-
besserte sich auch für Thaer die finanzielle und personelle Situation.
1809 - 1812 erschien Thaers Hauptwerk „Grundsätze der rationellen
Landwirtschaft" in 4 Bänden. Es wurde in 8 Sprachen übersetzt und erschien in 36 Auflagen. 1815 gab er den „Leitfaden zur allgemeinen
landwirthschaftlichen Gewerbslehre" heraus. Insgesamt veröffentlichte er ca. 450 landwirtschaftliche Fachbücher und -schriften, darunter
auch ab 1817 die weit verbreiteten „Möglinschen Analen der Landwirthschaft". Schon 1809 wurde Thaer zum Staatsrat im preußischen
Innenministerium berufen. Ab 1810 hielt er bis 1819 als erster Professor an der philosophischen Fakultät der neu gegründeten Friedrich Wil-
helm-Universität zu Berlin Vorlesungen zur Landwirtschaft. Die Initiative dafür kam vom Universitätsgründer Wilhelm v. Humboldt, der
auch über Jahre Reformgefährte von Hardenberg war. König Friedrich
Wilhelm III. befand aber, dass Thaer für seine Vorlesungen ein zu ho-
hes Gehalt beziehe. Wenn Thaer auch, sicher auf Betreiben von Hardenberg, an den entscheidenden Bestimmungen der Agrarreform-Edik-
te von 1811 „Zur Beförderung der Landeskultur" und „Zur Regulierung
der gutsherrlichen und bäuerlichen Verhältnisse" mitgearbeitet hat, war
er kein Agrarpolitiker, sondern ein praktisch tätiger Agarwissen-
schaftler für die praktische Landwirtschaft, der die Agrarreform als notwendigen gesellschaftlichen Rahmen für eine höhere Produktion er-
kannte.
Thaer legte immer großen Wert auf eine enge Verbindung von Theorie
und Praxis, von Lehre und Forschung. Das verwirklichte er meisterhaft
in Möglin. Seine Absolventen wurden so als Praktiker mit gründlichen

anwendungsbereiten theoretischen Kenntnissen auf den verschiedenen Sachgebieten der Landwirtschaft, Ökonomie und Betriebswirtschaft ausgerüstet.

Thaers Leitmotiv lautete: *„Die Landwirtschaft ist ein Gewerbe! Die vollkommenste Landwirthschaft ist also die, welche den möglich höchsten, nachhaltigen Gewinn, nach Verhältniß des Vermögens, der Kräfte und der Umstände, aus ihrem Betriebe zieht. Nicht die möglich höchste Production, sondern der höchste reine Gewinn, nach Abzug der Kosten - welches beides in entgegengesetzten Verhältnissen stehen kann - ist der Zweck des Landwirths und muß es seyn, selbst in Hinsicht auf das allgemeine Beste."*[2]

Konsequent trat er gegen die traditionelle Dreifelderwirtschaft auf, betonte die Bedeutung des Kartoffelanbaus, des Fruchtwechsels und die Erweiterung der Futterbasis für das Vieh, worauf auch in Neuhardenberg großer Wert gelegt wurde.

Thaer vertrat die Auffassung, Besitz an Grund und Boden ist vorteilhafter als Pachtländereien, weil letzterer in kurzer Zeit den Boden ohne Blick auf die Zukunft ausbeutet:

„Das Gut ist die geliebte Gattin des Eigenthümers, die Mätresse des Pächters, von der er sich wieder scheiden will".[3]

Bemerkenswert ist auch Thaers Meinung zum Lohn in der Landwirtschaft: *„Der Arbeiter muß nothwendig so viel verdienen, daß er und wenigstens noch eine Person oder zwei Kinder davon leben können, daß sie bei Kräften und gesund bleiben, auch ihre Kinder davon aufziehen. ... Es muß also nothwendig ein gewisses Verhältniß zwischen dem Preis der Lebensmittel und dem Preise der Arbeit bleiben."*[4]

Ab 1811 baute er in Möglin unter starker Mitwirkung von Johann Koppe systematisch die Schafzucht auf. 1816 kaufte der preußische Staat das Gut Frankenfelde und richtete hier auf Vorschlag Thaers eine Stammschäferei ein, von der er auch Leiter und zugleich Generalintendant aller Königlich-Preußischen Stammschäfereien wurde. 1825 - 1862 bestand hier eine staatliche Schäferlehranstalt. Preußens Könige legten großen Wert auf die Schafhaltung, denn ihre Armee brauchte für die Uniformen Unmengen von Wolle. Außerdem war diese ein Exportschlager, besonders für die russische Armee. Schafzucht hat in unserer Region eine lange Tradition. In Möglin wurde schon 1485 eine Schäferei erwähnt. Frankenfelde war schon unter Thaers Vorgänger Paul Benedikt v. Wolf (1744 - 1805), der zugleich Erbpächter und Besitzer

der größten Berliner Tuchmanufaktur war, für seine erfolgreiche Schafhaltung bekannt. An diese Erfahrungen, besonders in der Zucht spa-
nischer Merino-Schafe, konnte Thaer anknüpfen und baute sie auf wis-
senschaftlicher Grundlage aus. Für seine Verdienste auf diesem Gebiet
wurde er 1823 zum Präsidenten des Leipziger Wollkonvents gewählt.

Betrachten wir nun etwas näher die Kontakte zwischen den beiden Ex-
Hannoveranern und inzwischen bekannten und anerkannten „Neu-
Preußen", dem Agrarwissenschaftler Thaer und dem Staatsmann Hardenberg. Schon 2 Jahre nach seinem Umzug nach Möglin weilte der
Agrarexperte Thaer mehrfach auf den Gütern seines Gönners in Tem-
pelberg mit dem Vorwerk Gölsdorf und dem 1806 erworbenen Gut
Lichtenberg bei Berlin. Ende Juli 1806 führte er als Mitglied einer Kom-
mission dort eine gründliche Inspektion der Felder und Ställe durch
und fertigte ein umfangreiches Gutachten über die Erträge und Kosten
der Hardenberg'schen Güter an.
In den Notizen des Besitzers in seinem Tagebuch wird der Einfluss der
Gedanken Thaers deutlich, die Landwirtschaft nach wissenschaftlichen
Erkenntnissen und nach kapitalistischer Wirtschaftsweise, gemessen an
Ertrag je Flächeneinheit und Gewinn, zu führen:
*„Sa. 26. July Das Gutachten der Commission fällt sehr gut aus. Wenn man nach
der gewöhnlichen Art die Wirthschafts Kosten nach Körnern anschlägt, so
kommt sehr viel weniger heraus, als in unseren Überschlägen angenommen
ist, und der Ertrag erhöht sich sehr. Die Dünger Berechnung in Carbes Werk
über die Wechselwirtschaft ergiebt etwa die Hälfte desjenigen, den wir angenommen haben."*[5]
Diese Einschätzung bestätigte Thaer u. a. 1807 mit dem Vorschlag an
den jungen Johann Gottlieb Koppe (1782 - 1863), die vorbildliche Bewirtschaftung und Fruchtfolgewirtschaft der Güter Hardenbergs zu
studieren und selbst anzuwenden. Dieser Koppe entwickelte sich zu einem anerkannten Agrarexperten und Pionier der fortschrittlichen Landwirtschaft über die Grenzen des Oderbruches hinaus. Zu seinen bekanntesten Schriften gehören u. a. „Unterricht im Ackerbau und in der
Viehzucht" (2 Bde. 1811/12), ab der 3. ergänzten Auflage als „Anleitung
zu einem vorteilhaften Betreibe der Landwirtschaft" und „Über die Er-
zeugung des Rübenzuckers ..." (1841). Von 1811 - 1813 war Koppe Mitarbeiter bei Thaer, 1814 Verwalter von Reichenow, 1827 erwarb er Wol-

lup und gründete 1838 die erste Rübenzuckerfabrik im Oderbruch. Heute werden hier im fruchtbaren Oderbruch auch noch Zuckerrüben angebaut, aber zur weiteren Verarbeitung per LKW bis nach Sachsen-Anhalt transportiert.

Die guten Erfolge der Güter Hardenbergs waren natürlich in erster Linie Ergebnis der fleißigen und sachkundigen Arbeit der Verwalter, landwirtschaftlichen Experten und Landarbeiter vor Ort. Der „Gutsherr" war ja kein Fachmann auf diesem Gebiet, sondern in erster Linie Staatsmann mit Wirkungsort und Hauptwohnsitz in Berlin. Als Hardenberg aber im April 1806 auf Befehl Napoleons vom König als Außenminister beurlaubt wurde, nutzte er diese amtsfreie Zeit in Tempelberg bis zur Flucht vor den Franzosen am 18. Oktober d. J. intensiv für seine dortigen Verpflichtungen als Gutsherr.

In seinen Tagebuchaufzeichnungen in diesen Monaten wird das deutlich. Dafür einige Beispiele:

„8. July (1806) *Nach der Heide. Ob nicht doch möglich wäre, dort ein Vorwerk anzulegen? Der Rocken auf meinem Lande steht verhältnismäßig vorzüglich schön"* [6] und das trotz erheblicher Dürreschäden.

„Do. 17. July *mit Thaer und Zyka nach Lichtenberg. Die dortigen Felder besehen und sehr schön gefunden, Kartoffeln und Klee, auch die gedrillte Gerste besonders."* [7]

„Mo. 21. July *Mit Vehsemeyer die Goelsdorfer Feldmark beritten. Er will eine Abänderung der Schläge, wie sie vorin waren, welches mir selbst räthlich scheint. Es kann immer geschehen. Frägt sich aber, ob es nicht räthlich sey in wenig Jahren aus Goelsdorf 2 Wechselwirthschaften zu machen und einen Hof zu bauen."* [8]

Welche Bedeutung Hardenberg der Melioration beimaß, verdeutlicht eine Notiz vom 9. Oktober, also kurz vor seiner Flucht: „Resoviert, *die Bauten während des Krieges auszusetzen und nur das Nothwendigste zu machen, aber nicht die Melioration aufzuhalten."* [9]

Kurz vorher hatte er gerade erst begonnen, seine später nach Neuhardenberg verlagerte umfangreiche und sehr wertvolle Bibliothek aufzustellen, die 1806 wie 1945 durch Kriegseinwirkungen stark gelitten hat. Hardenberg nutzte die Zeit auch zum Studium landwirtschaftlicher Fachliteratur, sammelte bei seinen Kutschfahrten praktische Erfahrungen seiner Nachbarn. In Bollersdorf begeisterten ihn eine Häckselmaschine und die Kühe der Steiermarker Rasse, in Kunersdof bei Itzenplitz die Oldenburger. Dagegen kann man folgende Tagebucheintragung vom 9. Juli 1806 lesen: *„Zu Thaer nach Möglin wo wir nichts Ausgezeichnetes oder Vorzügliches fanden. Seine Grundsätze sind richtig, in der Ausführung scheint er leicht übertroffen zu werden."*[10] Hardenbergs Meinung ist hier sicher überzogen kritisch, war doch Thaer erst kurze Zeit vor Ort und alles noch im Aufbau und das unter den Belastungen in Folge der preußischen Niederlage und der französischen Besetzung. 3 Jahre später, im Juni 1809 notierte Hardenberg von einer 2-tägigen Oderbruchreise mit Aufenthalten u. a. in Kunersdorf und Möglin: *„Schöne Früchte und besonders Gräser auf abwechselnd mit Hafer activierten Wiesen. Vieh wird täglich ein oder ein paar mal durch den tiefen Teich getrieben, wo es schwimmen muß. Seitdem kein Milzbrand mehr."*[11] Wie heute, machten auch damals nach Hardenbergs Informationen Tierseuchen wie z. B. die Maul- und Klauenseuche den Landwirten im Oderbruch schwer zu schaffen. Beeindruckt war Hardenberg auch von Thaers Erfahrungen im Kartoffelanbau.

„Thaer. Neue Methode, die Kartoffeln flach zu lagern und zugleich mit der Pferde Gehre zu bearbeiten, bald darauf in die Quer. Die Kartoffeln werden nach dem Marqueur sehr accurat gelegt."[12] Warum aber die Fütterung von Kartoffeln an Pferde in Tempelberg nicht klappte, das wusste nicht mal der Experte aus Möglin. *„Thaer hat in seiner rationellen Oeconomie zu viel avanciert und weis nun wegen der Kartoffel Fütterung nichts Rechtes zu sagen",*[13] so Hardenbergs Kommentar dazu.

Sehr interessierten ihn die Erfahrungen der Thaer'schen Schafzucht, besonders in der Stammschäferei Frankenfelde. So schuf Hardenberg 1809 eine Schafherde in seinem erst kurz zuvor erworbenen Gut Hanseberg/Neumark, später hielt er u. a. in Lietzen eine Merinoherde von 6500 Tieren.

K. A. v. Hardenberg bemühte sich besonders im Jahre 1809 seine Besitzungen in Preußen um Tempelberg herum, vorrangig östlich der Oder zu erweitern. So tauschte er sein 1803 gekauftes Rittergut Muhr in Bayern gegen das Gut Hanseberg (Krzymow), Kreis Königsberg in der Neumark ein, das er aber 1815 wieder veräußerte. Das dortige Gutshaus im Park und die alte Kirche haben die Wirren und Folgen des II. Weltkriegs überlebt. Das in der Nähe vom damaligen Hanseberg liegende Gut Vietnitz (Witnica) war schon früher in Hardenbergs zeitweiligem Besitz. Hier ist heute noch der Park mit seiner Fasanerie, der

große Gutshof und die Kirche mit ihrer wertvollen Barockausstattung
zu besichtigen.

Der preußische Finanzminister Altenstein sorgte dafür, dass sein Gönner Hardenberg aus dem Besitz der königlichen Domänenkammer das
Amt Hohen-Kränig (Krajnik Gorny), Kreis Königsberg/Neumark mit
mehreren Vorwerken erhielt. Dieser 1812 wieder abgestoßene Besitz lag
im „Tal der Liebe" am Rande des heutigen Nationalparks „Unteres
Odertal" in der Nähe des Grenzübergangs Schwedt nach Nieder-Krä-
nig (Krajnik Dolny).

Dieser Erwerb war ein Beispiel, wie Hardenberg seine Beziehungen nicht
nur zu Altenstein nutzte, um seine ständigen Schwierigkeiten in den persönlichen Finanzen in den Griff zu bekommen. So betrug der Taxwert von
Hohen-Kränig ca. 76 000 Taler, die Differenz zu den gewünschten 90 000
RT (Reichstaler) erhielt Hardenberg ausgezahlt. Ein prima Geschäft.

Nach Stamm-Kuhlmann[14] sorgte Altenstein auch dafür, dass Hardenberg sein Berliner Haus am Dönhoffplatz mit den darauf lastenden
36 000 RT Schulden loswurde, seine Verbindlichkeiten von 37 000 RT
gestrichen wurden, er ein Geldgeschenk von 4 000 Dukaten = 12 000
RT, eine Entschädigung für besonders in Tempelberg erlittene Kriegs-
verluste von 30 - 35 000 RT und ein Darlehen von 40 000 RT in Papier-
geld, was einem Nennwert von rund 130 000 RT entsprach, erhielt.

Bekannt ist, dass Hardenberg als Staatskanzler kein festes Gehalt bezog,
sondern sich für das persönlich „Notwendige" aus der Staatskasse
selbst bedienen durfte. Am 23. April 1811 vermerkte er im Tagebuch dazu u. a.: „1000 ›Reichstaler‹ C(ouran)t und 500 ›Reichstaler‹ Fr(iedrichs)dor
aus der Königl. Kasse für mich gehoben."[15] Andererseits war Hardenberg auch
großzügig. So spendete er 1807 ein vom König erhaltenes Ehrengeschenk von 4 000 Dukaten „auf dem Altar des Vaterlandes". Nach dem
Sieg über Napoleon 1813 verzichtete er bei den Friedensverhandlun-
gen in Paris auf die Rückgabe der von den französischen Truppen in
Tempelberg geraubten wertvollen persönlichen Kunstgüter. Er wollte
auf dem glatten internationalen diplomatischen Parkett keine Verbindung von staatlichen und privaten Interessen. Finanziell wurde er ja
großzügig aus der preußischen Staatskasse entschädigt.

Zu Hardenbergs Verhalten gegenüber seinen Untergebenen aus der
Sicht seiner Tagebucheintragungen einige Beispiele:

5. Gut Hanseberg
(Krzymow); Foto:
Walburg Kupke

6. Gut Vietnitz
(Witnica);
Foto: Walburg Kupke

„2. Sept. (1809) Der Schreiber Brandes war verschwunden wegen eines Kosten Deficits von 13 Th. (man vergleiche das mit der Höhe der „Deficite" von H.) wollte sich umbringen. Kam abends spät zurück. Für dieses mal verziehen, cum admonitione (mit Ermahnung)[16]
21. Sept. (1809) Das Nervenfieber herrscht noch immer noch in Tempelberg. Der Gärtner liegt sehr krank daran.[17]
3. Nov. (1809) Erndte Bier[18]
23. April (1810) Hochzeit zweyer Dienst Mägde, beyde wurden beschenkt und es war Tanz und Musik."[19]

7. *Gesundbrunnen Freienwalde; Quelle: Nach der Natur gezeichnet von Blechen, gestochen von J. G. Martini, Rudolstadt, 1830*

Ständig galt es für Hardenberg zwischen Berlin und seinen Landsitzen zu pendeln, z. B. 1804 ca. 15-mal, aber nicht wie heute mit Auto oder Bahn, sondern per Kutsche, zeitaufwendig je nach Witterung, bei oft schlechten Straßen in 5 - 7 Stunden so u. a. *„11. Oct. 1809 Gegen 12 aus Berlin gefahren und Abends 1/2 6 Uhr in Tempelberg angekommen"*[20] aber auch *„9. Dec. 1809 Unsicherheit auf den Straßen. Gestern Abend ist der Herr v. Burgsdorf von Reithwein der Coffer in dem Müncheberger Walde auf der Chausee ausgelaust."*[21] Auch so etwas passierte: *„So 18. Juni 1809 Nachts Sturm und Regen aus Westen. Ich versuchte über die Oder zu gehen, um nach Hanseberg zu kommen; auf der Oder riß das Thau an der Fähre, und wir kamen mit gemeinsamer Noth zurück an das Ufer."*[22]
Natürlich unternahm Hardenberg auch Fahrten zur Erholung und Entspannung. Besonders lobte er dafür „die Heide", Freienwalde und seinen Gesundbrunnen, Buckow, auch *„Nach Pritzhagen mit Altenstein, Georg und Scharnweber - Am grünen See in der Plantage gegessen. Vortreffliche Baumzucht Anlage von Lerchen und Fichten, 17 J alt und sehr gut und dicht stehend ... – Nachmittag nach Bollersdorf. ..."*[23] oder: *„Behlendorf bei OAM* (Oberamtmann) *Baath. Hübsche Garten Anlage und Ansicht am See."*

(Heinersdorfer See) und *„Hecke von Licium auf einer Steinmauer zu Reichenberg. <Zeichnung>"*[24] (Diese ist leider nicht im Tagebuch enthalten.) Hardenberg gab in seinem Tagebuch auch Reisetipps für das Oderbruch, so für eine Nord-Süd-Tour: *„Über Güstebiese, Carlsbiese, Neu Lewin, Alt Trebbin, Grube, Neufeld nach Quilitz. ... und dann über Wulkow, Trebnitz, Jahnsfelde nach Tempelberg. Der schönste Weg und auch der nächste, wenn es nicht tief im Bruch ist."*[25]

Wie sehr dem weit gereisten Staatskanzler die schöne Landschaft des Oderbruches gefiel, beweist eine Notiz von seiner Italienreise vom 3. März 1821:

„Sa 3t (März 1821) Von Arezzo ... nach Perugia.>Chiana Thal, ein artbar gemachter Morast, gleich dem Oderbruche, mit einer großen Bevölkerung. Schöner noch als das Oderbruch."[26]

Insgesamt betrachtet, war der Zeitraum von 1802 - 1814 mit Landsitz Tempelberg für Karl August v. Hardenberg ein stürmischer, ereignisreicher, erfolgreicher, aber auch schwerer Abschnitt seines bewegten Lebens und ist von den späteren Neuhardenberger Jahren nicht zu trennen, führte ihn doch in dieser Zeit der Weg von und nach Berlin noch oft über Tempelberg. Auch nach 1814, als Hardenberg Standesherr auf Neuhardenberg wurde, rissen die Kontakte zwischen dem nunmehrigen Fürsten und Staatskanzler v. Hardenberg und dem jetzigen Geheimen Oberregierungsrat, Träger des „Roten-Adler-Ordens", Albrecht Daniel Thaer nicht ab. In Neuhardenberg war Thaer ein gern gesehener Gast, in Möglin Hardenberg ein willkommener Besucher.

Zwei Jahre nach dem Tode des Staatskanzlers beging A. D. Thaer am 14. Mai 1824 in Möglin seinen 72. Geburtstag und vom 13. - 19. Mai wurde zugleich sein fünfzigjähriges Doktorjubiläum festlich begangen. Dazu widmete der Weimarer Dichterfürst Johann Wolfgang v. Goethe dem Jubilar folgende Verse:

„Wer müht sich wohl im Garten dort,
Und mustert jedes Beet?
Er pflanzt und gießt, und spricht kein Wort,
So schön auch alles steht.
Daß er gepfropft und okuliert,
Mit sich'rer, kluger Hand,
Das Bäumchen zart, ist anspaliert,
Nach Ordnung und Verstand.

Doch sagt mir, was es heissen soll,
Er ist auf einmal still
Man sieht, ihm ist der Kopf so voll,
Daß er was andres will.
Genug, ihm ist nicht wohl dahier,
Ich fürcht' er will davon;
Er schreitet nach der Gartenthür,
Und draussen ist er schon.
Im Felde gibt's genug zu thun,
Wo der Befreyte schweift;
Er schaut, und kann nicht ruhn,
Bis es im Kopfe reift.
Und nun; auf einmal hat ers los,
Wie man das Beste kann;
Nicht ruhen soll der Erdenklos,
Am wenigsten der Mann.
Der Boden rührt sich ungesäumt
Im Wechsel jedes Jahr,
Ein Feld so nach dem andern keimt
Und reift und fruchtet baar;
So fruchtet's auch von Geist zu Geist
Und nutzt von Ort zu Ort.
Gewiß, Ihr fragt nicht, wie Er heißt,
Sein Name lebe fort."[27]

Aufschlussreich ist Goethes Kommentar dazu:

„Strophe 1: Thaer, ein im Praktischen wie Theoretischen geschätzter Arzt, sieht
sich nach einer froheren Unterhaltung in der Natur um, gewinnt die Gärtne-
rei lieb.
Strophe 2: Allein er sieht sich bald beengt und sehnt sich nach einem weite-
ren Wirkungskreis; wendet seine Aufmerksamkeit dem Feldbau zu.
Strophe 3: Er nimmt die englische Landwirthschaft wahr und die ganz einfa-
che Maxime, daß bei größerer Tätigkeit und verstandsgemäßer Umwendung
des Bodens weit höherer Vortheil, als bey dem bisherigen Schlendrian zu ge-
winnen sei.
Strophe 4: Und so weiß er denn die Landwirthe zur Wechselwirtschaft auf-
zuregen, erwirbt sich Schüler und Nachfolger, die seine Lehre und Anleitung

*probat finden und ihm jetzt im hohen Alter einen öffentlichen und lauten Dank
vorbereiten.
... Der Mann gehört zuerst Preußen an, sodann aber auch der Welt, sein Ruf
und Ruhm sind gründlich, ..."[28]*
Ist das nicht eine meisterhafte Würdigung von Leben und Wirken A. D.
Thaers in einem Brief Goethes vom 11. März 1824 an seinen Freund, den
Komponisten Carl Friedrich Zelter (1758 - 1832), u. a. Leiter der Berliner Singakademie, Begründer der ersten Liedertafel, Direktor des Mu-
sikseminars der Universität Berlin, in dem der Dichter ihn auch bat,
diese Zeilen zu vertonen. Zelters Antwort: *„Das aufgegebene Gedicht auf
den alten Thaer steht schon auf Noten ... Den Geh. Rat Thaer kenne ich persönlich sehr gut und habe ihn oft genug bei Graf Itzenplitz in Cunersdorf gesehen."[29]*
Das Thaer-Jubiläum wurde nicht nur würdig begangen, sondern es
wurde auch feucht-fröhlich gefeiert. Dazu Zelter an Goethe: *„... gehörig
besoffen - dreist und frisch und mit Ordnung unordentlich."[30]*
Nach dem Tode A. D. Thaers am 26. Oktober 1828, der im Gutspark von
Möglin neben der Dorfkirche beigesetzt wurde, übernahm sein Sohn
Albrecht Philipp Gut und Akademie. Dieser übergab das Erbe aber

8. Gutsanlage Möglin mit Grab von Albrecht Daniel Thaer 2001; Foto: Walburg Kupke

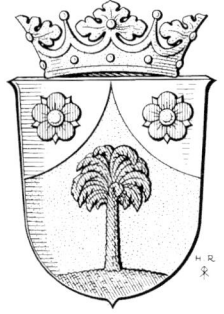

9. Wappen Familie Thaer; Quelle: Deutsches Geschlechterbuch

schon bald seiner Schwester Caroline, der Ehefrau des Prof. Franz Körte, der der engste Mitarbeiter seines Schwiegervaters war und auch von
Hardenberg in seinen Tagebüchern mehrfach ge-
würdigt wurde. 1861 wurde die Lehranstalt ge-
schlossen und 1872 der gesamte Besitz von den
Thaer'schen Erben verkauft. Zu den weiteren
vielen als Wissenschaftler, Militärs, Gutsbesitzer
und Kommunalpolitiker bekannten Nachfahren A. D. Thaers der jün-
geren Zeit gehören u. a. der Mathematikprofessor und Antifaschist Clemens Thaer (1883 - 1974) auch Dr. jur. Albrecht v. Thaer (1900 - 1946),
der von 1933 bis in die Zeit des II. Welkrieges Landrat des Kreises Oberbarnim, zu dem auch Möglin gehörte, war.
Die erste Biografie Thaers verfasste Wilhelm Korte. Der damals bekannteste Thaer-Biograf war aber Theodor Fontane. Bevor dieser am 19.
September 1862, zwei Tage nach seinem Besuch in Neuhardenberg,
in Möglin Station machte, um für das Kapitel „Möglin" des 1863 erschienenen Bandes „Das Oderland" seiner „Wanderungen ..." weiteres
Material zu sammeln, hatte er schon sein Buch „Denkmal Albrecht Tha-
er" im Zusammenhang mit der Einweihung des Thaer-Denkmals am
5. November 1860 in Berlin auf dem Schinkelplatz am Dom vor der
Bauakademie veröffentlicht. Dieses Denkmal wurde am 13. Juli 2000 an
gleicher Stelle im Beisein des Regierenden Bürgermeisters Eberhard
Diepgen wieder eingeweiht.
Weitere Denkmale zu Ehren des Begründers des wissenschaftlichen
Landbaues wurden in seiner Heimatstadt Celle und in Leipzig und
Wien errichtet. 1929 - 1948 wurde Albrecht Daniel Thaer durch sein
Bildnis auf der „Zehn-Reichsmark-Banknote" geehrt.
Auf der Gedenktafel am Mögliner Gutshaus, dem Sitz der Thaer-Ge-
denkstätte mit einer repräsentativen Ausstellung, ist folgender Spruch
zu lesen: *„Thaers Denkmal ist das Rittergut Möglin, dessen Namen er durch
ganz Europa hin leuchtend gemacht hat. Hier vollendete sich seine Lehre, hier
hat er sie bewährt."*[31]
Die Humboldt-Universität zu Berlin, Landwirtschaftlich-Gärtnerische
Fakultät veranstaltete am 14. und 15. Mai 2002 aus Anlass des 250. Ge-

burtstages von Albrecht Daniel Thaer ein Symposium verbunden mit einer Exkursion nach Möglin.

Als eigenständigen Beitrag zur Thaer-Ehrung organisierte der Heimatverein Neuhardenberg, gemeinsam mit der „Stiftung Schloss Neuhardenberg", der Humboldt-Universität zu Berlin, der „Fördergesellschaft Albrecht Daniel Thaer" am 29. April 2002 im hiesigen Schloss die bundesweite Repräsentation des Sonderpostwertzeichens „250. Geburtstag Daniel Albrecht Thaer" des Bundesfinanzministeriums durch den parlamentarischen Staatssekretär Karl Diller, MdB. Als Gäste konnten u. a. begrüßt werden: die Ministerin für Wissenschaft, Forschung und Kultur Prof. Johanna Wanka und der Minister für Landwirtschaft, Umweltschutz und Raumordnung Wolfgang Birthler der Brandenburgischen Landesregierung, der Dekan der Landwirtschaftlich-Gärtnerischen Fakultät der Humboldt-Universität Prof. Uwe Jens Nagel, der Vor-sitzende der Fördergesellschaft A. D. Thaer Prof. Dr. Hans Rudolf Bork, die Thaer-Nachfahren Ernst-Albrecht Thaer und Hubertus v. Lucke u. Kursko.

10. Präsentation der Thaer-Briefmarke am 29.04.02 im Schloss Neuhardenberg; v. l. n. r.: Wolfgang Birthler, Johanna Wanka, Karl Diller, Dietmar Zimmermann
Foto: Walburg Kupke

In seiner Festansprache machte der Staatssekretär Karl Diller deutlich,
dass *„angesichts weiterhin erforderlicher Reformen in der industriellen Landwirtschaft Albrecht Daniel Thaers Werk und Wirken auch heute seine Ak-
tualität behält ... und es jetzt an uns ist, die Erkenntnis, die D. A. Thaer bereits vor über 200 Jahren gewonnen hat, aufzugreifen und die ökologische
Landwirtschaft und damit die umweltgerechtere und gesündere Nahrungs-
mittelproduktion nachhaltig zu unterstützen."*[32]
Anschließend an diese Thaer-Ehrung stellte Hans Bentzien in einer
Buchrepräsentation sein neuestes Werk über Karl August Fürst v. Hardenberg vor.
Diese Veranstaltungen waren eine kleine, aber gelungene Würdigung
zweier verdienstvoller Männer, die zur gleichen Zeit gemeinsam am
Rande des Oderbruches lebten und für den Fortschritt wirkten, der
Staatskanzler und Reformer Fürst v. Hardenberg und der Begründer
der modernen Agrarwissenschaften Albrecht Daniel Thaer.
1822, dem Todesjahr von Hardenberg, schrieb Thaer in den „Mögliner
Analen" folgenden Gedanken, der nicht nur für die Landwirtschaft,
sondern auch für andere Bereiche bis zur Heimatgeschichte noch heute Richtschnur sein kann: *„Man muß ... in die Vergangenheit zurückgehen
und hier die Gesetze erforschen, welche dem Lauf der Dinge Richtung gaben.
In der Vergangenheit liegt der Schlüssel der Zukunft."*[33]

Anmerkungen

1   Gisela Heller „Unterwegs mit Fontane ...", S. 260
2   Kurt Ritter „Albrecht Thaer 1752 - 1828" in „Die Großen Deutschen" Bd. 3, S. 257
3   Ebenda, S. 263
4   Ebenda, S. 262
5   Thomas Stamm-Kuhlmann „Karl August von Hardenberg 1750 - 1822, Tagebücher und
    autobiographische Aufzeichnungen", S. 454
6   Ebenda, S. 447
7   Ebenda, S. 448
8   Ebenda, S. 453
9   Ebenda, S. 474
10 Ebenda, S. 448
11 Ebenda, S. 642f.
12 Ebenda, S. 643
13 Ebenda, S. 661
14 Ebenda, S. 53
15 Ebenda, S. 709
16 Ebenda, S. 462
17 Ebenda, S. 655
18 Ebenda, S. 660
19 Ebenda, S. 685
20 Ebenda, S. 660

21 Ebenda, S. 662
22 Ebenda, S. 643
23 Ebenda, S. 448
24 Ebenda, S. 643
25 Ebenda, S. 643
26 Ebenda, S. 942
27 „Denkmal Albrecht Thaers", S. 100
28 Ebenda, S. 99ff.
29 Ebenda, S. 100
30 zitiert in Lucke u. Krusko „Zum 250. Geburtstag ... am 14. Mai 2002", S. 12
31 „Denkmal Albrecht Thaers", Rückseite
32 Rede des Staatssekretärs Karl Diller am 29.4.2002 in Neuhardenberg, S. 9 u. 11
33 „Festschrift ... der Humboldt-Universität zu Berlin ... zum 13. Juli 2000", S. 23

Literaturauswahl

Theodor Fontane „Wanderungen durch die Mark Brandenburg – Das Oderland", Aufbau-Verlag 1976
Gisela Heller „Unterwegs mit Fontane in Berlin und der Mark Brandenburg", Nicolai-Verlag 1993
„Historisches Ortslexikon für Brandenburg" Teil VI Barnim, Weimar 1980 und Teil VII Lebus, Weimar 1983
„Historische Stätten Deutschlands" Bd. 10 Berlin und Brandenburg, A. Körner-Verlag 1995
„Marksteine. Eine Entdeckungsreise durch Brandenburg-Preußen" Katalog zur Eröffnungsausstellung des Hauses der Brandenburg-Preußischen Geschichte 18.8. - 11.11.2001; Hentschel Verlag
Thomas Stamm-Kuhlmann „Karl August von Hardenberg 1750 - 1822, Tagebücher und autobiographische Aufzeichnungen", H. Boldt-Verlag, München 2000
„Brandenburgisches Geschlechterbuch", Bd. 3, Einzeldruck der Stammfolge Thaer, Verlag C. A. Starke 1972
Kurt Ritter „Albrecht Thaer 1752 - 1828" in „Die Großen Deutschen", Bd. 3, Propyläen-Verlag 1936
„Auf den Spuren Albrecht Daniel Thaers", Herausgeber: Fördergesellschaft A. D. Thaer 1994
„Denkmal Albrecht Thaers", Verlag Domäne, Dahlem, Berlin 1992
„Festschrift anläßlich der Wiedereinweihung des Denkmals Albrecht Daniel Thaer auf dem Schinkelplatz in Berlin-Mitte am 13. Juli 2000", Herausgeber: Humboldt-Universität zu Berlin, Landwirtschaftlich-Gärtnerische Fakultät
Hubertus v. Lucke u. Kursko „Zum 250. Geburtstag des Reformators der Landwirtschaft Albrecht Daniel Thaer am 14. Mai 2002" in „Deutsches Adelsblatt" 41. Jahrgang, Nr. 5, 15. Mai 2002
Materialien der „Albrecht Daniel Thaer Gedenkstätte" Möglin
Rede des Parlamentarischen Staatssekretärs Karl Diller, MdB, anlässlich der Präsentation des Postwertzeichens „250. Geburtstag A. D. Thaer" am 29. April 2002 in Neuhardenberg
„250. Geburtstag des Agrarreformers Albrecht Daniel Thaer" in „Märkische Oderzeitung" vom 26. April 2002
„Aller Taten beste Tat – Vor 250 Jahren wurde Albrecht Daniel Thaer geboren" in „Preußische Nachrichten von Staats- und Gelehrte Sachen" Ausgabe Mai 2002, Nr. 53
Zitatensammlung A. D. Thaer 1752 - 1828 „Ein sinnvoll ausgesprochenes Wort wirkt auf die Ewigkeit", Fördergesellschaft A. D. Thaer, Möglin 1998
Kathrin Panne (Hrsg.) „Albrecht Daniel Thaer 1752-1828. Der Mann gehört der Welt" Begleitpublikation zur gleichnamigen Ausstellung im Bomann-Museum Celle zum 250.
Martin Frielinghaus u. Claus Dalchow „Die Preußischen Agrarreformen und J. G. Koppe" ZALF-Bericht Nr. 49, Müncheberg 2002
Weitere Literatur, besonders zu Karl August v. Hardenberg in Tempelberg, siehe Kapitel Neuhardenberg

Gerd-Ulrich Herrmann

GUSOW
Vom Wendendorf zum Rittersitz

Das Dorf Gusow gehörte zu den alten märkischen Adelssitzen, die auf der Grundlage einer früheren slawischen Siedlung entstanden. Das genaue Gründungsjahr kann wohl nicht mehr mit Bestimmtheit festgestellt werden. Ein Verzeichnis der Lebuser Stiftsgüter aus dem Jahr 1240 nennt zwar Gusow, ausgestattet mit 40 Hufen Land (400 bis 600 ha), aber es existiert keine Originalurkunde mehr. Trotzdem ist zu dieser Zeit bereits eine dörfliche Struktur höchst wahrscheinlich, denn viele Städte und Dörfer der Region sind Mitte des 13. Jahrhunderts im Zuge der Erweiterung des askanischen Herrschaftsgebietes bis zur Warthe entstanden. Auch Theodor Fontane verwies in seinen „Wanderungen durch die Mark" auf eine frühe slawische Siedlung. So sei „Gusow, eines der größten und vornehmsten jener alten Wendendörfer, die, lange vor der Urbarmachung, die sumpfige Niederung des Bruches in weitem Zirkel umspannte".[1] Der frühere Ortsname „Guza" ist wohl auf das slawische Guz, zu Deutsch „Knoten" zurückzuführen. Da die Bauern zu diesem Zeitpunkt nicht freie Eigentümer von Grund und Boden waren, ist die Tätigkeit eines Lokators, der im Auftrage des Bischofs von Lebus handelte, durchaus denkbar. Eine Urkunde von Markgraf Ludwig der Römer nannte den Ort am 8. März 1353 im Zuge eines Besitzwechsels, wonach die Frankfurter Brüder v. Nymik die Herren von Gusow „gegen den Erlaß der Schulden" wurden. Was nichts anderes bedeutet, als dass der erste brandenburgische Kurfürst offensichtlich seine Schulden mit der Gusower Schenkung beglich.
1413 wurden Hans und Lorenz Bayer in einer Urkunde als Besitzer eines „Festen Hauses"[2] genannt. Sie gehörten damit zum „beschlossenen" Adel, der, im Gegensatz zum „unbeschlossenen" (den „Krautjunkern"), ihre meist zweigeschossigen, rechteckigen Steinhäuser mit Gräben, Mauern, Brücken und Türmen versehen durfte. In der genannten Urkunde wurde Lorenz Bayer als Gusower Lehnsherr erwähnt. Er hatte damit nicht nur das Land übernommen, sondern war per Lehnseid zum bewaffneten Gefolgschaftsdienst gegenüber dem Landesherrn ver-

1. Volkstracht aus Gusow und Platkow (Mitte des 19. Jahrhunderts)

pflichtet. Später war Gusow mit vier Rittersitzen ausgestattet und musste auf kurfürstliche Weisung für einen beabsichtigten Waffengang drei Ritterpferde stellen sowie gemeinsam mit Platkow einen halben Rüstwagen ausstatten.

Nach dem Tod von Lorenz Bayer verkaufte Kurfürst Friedrich am 28.04.1448 Gusow und Platkow, einschließlich der höheren und niederen Gerichtsbarkeit und des Kerchelehens (Patronat), für 1500 Rheinische Gulden an den kurfürstlichen Rat Gebhardt von Schapelow und seinen Bruder Gawyn sowie Cone Barfusz. Die weit verzweigte Familie Schapelow besaß umfangreiche Besitzungen im ehemaligen Kreis Lebus, die von Lebus bis Quilitz und Trebnitz reichten. Zu dieser Zeit war Gusow noch mit 40 Hufen, davon 4 Pfarrhufen, ausgestattet. Da hier das Magdeburger Maß galt, umfasste eine Hufe 30 Morgen Ackerland. Die adligen Familien betrieben zum eigenen Lebensunterhalt eine Wirtschaft, die etwa der Größe von vier Bauernwirtschaften entsprach. Den Rest ihres Landes überließen sie den Untertanen zur Bewirtschaftung und verlangten von den so genannten „Lassbauern" Abgaben bzw. spezielle Dienste. Auch in Gusow-Platkow ist die Tendenz des Adels, immer mehr Höfe von verschuldeten oder verstorbenen Bauern einzuverleiben, nachweisbar. So besaß die Herrschaft 1624 von den 43 Hufen allein 29, die Pfarre 4, die Kirche 1 und die restlichen neun Hufen teilten sich 5 „Hüfner" (Bauern). Weiterhin gab es 21 Kossäten (Hausbesitzer mit einer kleinen Ackerfläche) und 8 Büdner (nur Hausbesitzer mit einer Kleinstfläche, sie lebten vom Tagelohn bzw. Handwerk). Auf den einzelnen Grundstücken lasteten zahlreiche Verpflichtungen, deren Höhe die Gutsherren oftmals willkürlich festlegten. Die Bauern hatten im Jahr 170 Tage Spanndienste mit drei Pferden sowie 68 Tage Handdienste, die Kossäten 18 Tage Spanndienste und 132 Manneshandtage, die Halbkossäten jeweils die Hälfte sowie die Kleinbauern 8 Tage Spanndienste sowie 52 Frauenarbeitstage zu leisten. Dazu kamen eine Reihe weiterer Verpflichtungen wie Botengänge, Natural- und Geldabgaben. Diese gewaltigen Auflagen stellten für die Untertanen enorme Belastungen und eine existenzielle Bedrohung dar. Die Drangsale führten zwangsläufig zum Aufbegehren, so wehrten sich die Bauern 1607 erfolgreich gegen noch höhere Spanndienste. Zahlreiche Urkunden aus dem 16. und 17. Jahrhundert weisen einen mehrfachen Lehnsherrnwechsel nach. 1538 lösten für sechs Jahrzehnte die Bischöfe die Markgrafen bzw. Kurfürsten von der Lehnsherrschaft ab. Ende des 16. Jahrhunderts übernahmen die Kurfürsten bzw. später die Könige dieses Privileg.

Nach dem Ende des Fehdewesens gestaltete die Gutsfamilie das „Feste Haus" in ein wohnlicheres Gutshaus um, das infolge des Dreißigjährigen Krieges in einen sehr desolaten Zustand geriet. Wie viele landwirtschaftliche Existenzen ruinierten die durchziehenden Söldner auch die Familie v. Schapelow. Als im Jahre 1648 Maximilian Wilhelm von Schapelow, der letzte männliche Erbe, von seinem eigenen Knecht bei Zerbst erschlagen wurde, war das gesamte Anwesen nicht mehr im Familienbesitz zu halten. Die Gläubiger verkauften das in Verderb geratene Gusow und Platkow für insgesamt 21 136 Taler und 20 Groschen an den späteren Generalfeldmarschall Georg Freiherr von Derfflinger (1606 - 1695). Als schwedischer Obrist hatte er 1647 die Schwester des Erschlagenen in der Berliner Nikolaikirche zwar geheiratet, aber Margarete Tugendreich v. Schapelow brachte beide Orte nicht als Erbe in die Ehe ein, was auch den märkischen Lehnsverhältnissen widersprochen hätte. Trotz schneller Einigung beider Parteien verzögerte sich die of-

*2. Georg Reichsfreiherr von Derfflinger, General-
feldmarschall, * 1606, †1695*

fizielle kurfürstliche Belehnung
beträchtlich. Mit der Urkunde
vom 9. Oktober 1686 bestätigte
der Kurfürst Friedrich Wilhelm,
„dass Dörflinger diese mit seinen
durch die Waffen erworbenen Gel-
dern erkauften Güter Gusow, Platkow, Wulkow, Hermersdorf und Cles-
sin in Lehn nehmen und solche auf seine
männlichen und weiblichen Geschlechterskinder
und ihre Descendenten kommen, er aber, in welcher Ordnung sie suc-
cediren sollen oder nach seinem Ableben mit landesherrlichen Consens
auf Andere fallen mögen frei zu disponiren berechtigt sein möge“.³ Das
Gleiche bekräftigte am 20. August 1688 nochmals Kurfürst Friedrich III.
Derfflinger nutzte die Zeit, in der der märkische Kriegsadel an politischen und wirtschaftlichen Einfluss gewann, um der neu erworbenen
Heimat sein Gepräge zu geben. Seine ersten Schritte galten der Überwindung des erbärmlichen Zustandes seiner Güter und des gesamten
Anwesens. Da das Gusower Herrenhaus einen „morbiden Charme“
aufwies, die Balken, Schwellen und Fenster durch das ständige Her-
einregnen verfault waren, musste der „neue Herr auf Gusow und Platkow“ erst eine neue Wohnstätte herrichten. So wohnte er die ersten
Brandenburger Jahre in Berlin. Obwohl keine Abbildungen bzw. Be-
schreibungen des Herrenhauses existieren, kann auf Grund des in den
zahlreichen Kriegen angeeigneten und erworbenen Vermögens sowie
seiner stets steigenden Stellung im brandenburgischen Heer ein, im Vergleich zu den anderen Guts- und Herrenhäusern der Region, stattliches
Anwesen vermutet werden.
Durch den gerade beendeten Krieg, in dem auch der Neu-Gusower Not
und Elend über viele Orte gebracht hatte, waren auch die Lebens-
grundlagen der wenigen überlebenden Gusower größtenteils zerstört.
Stallungen, Scheunen, Äcker und die Schäferei waren nicht mehr nutz-
bar, die versandeten Teiche ließen keinen Fischfang zu und über die

zahlreichen Gräben führten kaum noch Brücken. Der Viehbestand war
auf 5 alte, „so nichts werthe Ochsen", 150 Schafe, 20 Schweine, 20 alte
Hühner und 7 Enten zusammengeschrumpft. Von den sechzehn Kossäten und Büdnern kehrten viele ihrer Heimat für immer den Rücken.
Nach einer solchen Bestandsaufnahme muss Derfflinger einiges inve-
stiert haben. Ob er wirklich hier, wie Theodor Fontane behauptete, eine „Musterwirtschaft" errichtete, ist zu bezweifeln. Sicher ist, dass Derfflinger kaum über landwirtschaftliche Erfahrungen und wenige dies-
bezügliche Ambitionen verfügte. Denn mit 14 Jahren war Georg in den
Kriegsdienst eingetreten und auch nach dem Westfälischen Frieden nie
gezwungen, seinen Lebensunterhalt im Oderbruch zu verdienen. So
gehört auch die nachfolgende und in älteren Abhandlungen gerne ver-
wendete Behauptung in das Reich der dichterischen Freiheiten: „Be-
wegung ist das Element des Cavalleristen, wir können uns überzeugt
halten von der Rührigkeit Derfflingers in Gusow. Mit dem selben Eifer, wie er den Pallasch führte, amtierte er jetzt bei der Pflugschar." Mit
Sicherheit kümmerte er sich um seine beachtlichen Besitzungen kaum
selbst, denn dafür blieb dem späteren Generalfeldmarschall des Großen
Kurfürsten angesichts der zahlreichen Kriegszüge, Schlachten und Belagerungen sowie der zeitintensiven Tätigkeit als Geheimer Kriegsrat
am kurfürstlichen Hof kaum Zeit.
Über das Wirken des „Moltke des Großen Kurfürsten", dem Mitbe-
gründer des stehenden Heeres und einer durchaus effektiven Wehr-
verwaltung, als märkischer Gutsherr ist kaum etwas überliefert. Auch
wenn Fontane schrieb: „Alles in Gusow, oder doch alles Beste was es
hat, erinnert an den alten Derfflinger: Schloss, Park, Kirche."[4] Wie das
Herrenhaus aussah ist, wie bereits festgestellt, nicht überliefert. Ob es
in Gusow einen Park gab, von dem Fontane schwärmte, ist ebenfalls
nicht nachzuweisen. Auf keinen Fall wuchsen die „seltenen Pflanzen"
dort, wo sich heute der 25 ha große Park erstreckt, denn der „General
Plan von der gantze feldmark Gusow" aus dem ersten Viertel des 18.
Jahrhunderts nennt einen „lust garten im Torff" und zeigt hinter dem
Herrenhaus, dem heutigen Park, „eine morastige Wiese". Verbürgt ist
sein Einfluss als Patronatsherr, denn auf seine Kosten ließ er im Zeitraum von 1666 bis 1670 die Gusower und Platkower Kirchen erweitern
und prachtvoller ausstatten. Hinter dem Altar des Gusower und Platkower Gotteshauses stand geschrieben: „Als Patronus dieser Kirche ha-

be dem lieben Gott zu Ehren Anno 1666 angefangen ... diese Kirche, welche vor diesem sehr klein unsauber und unordentlich war, auß meinen eigenen Mitteln 20 Schue inß Licht zu verlängern und ein Begräbnissgewölbe, neuen Altar, Canztzel, Chöre, Fenster, Thüren, Leichenhalle und Stühle alles neu verfertigen lassen ... Gott erhalte diese Kirche und behüte sie vor Kriege und Feuerbrünste."[5] Die Bitte wurde nicht erhört, denn Anfang April 1945 sprengte ein Wehrmachtskommando in buchstabengetreuer Ausübung eines gegebenen Befehls den Gusower Turm. Sicher, damit nahm man dem Feind ein Orientierungsmerkmal, leitete aber gleichfalls den Niedergang des einzigen Bauwerkes aus der Derfflinger-Zeit ein. Das Kirchenschiff mit der wertvollen Ausstattung überstand die Sprengung und die Kampfhandlungen vom 16. und 17. April 1945 relativ gut. Die dann einsetzende Zerstörung war ein Werk der Not, falscher Geschichtsauffassung sowie von verrohten Sitten. Steine und Holz holten sich die Überlebenden des Infernos, um die zerbombten Häuser instand zu setzen oder den Stuben Wärme zu geben. Die übrigen Schäden bewirkten sinnlose Zerstörungen und Pietätlosigkeiten. In der Gruft fand der alte Haudegen für mehr als 250 Jahre seine letzte Ruhestätte, ehe der Leichnam in den Nachkriegswirren verschwand. Obwohl Derfflinger durch sein Wirken beide Säulen für „Preußens Gloria" maßgeblich mitgestaltete, gab es für den „Sieger von Fehrbellin" nie ein Denkmal, wenn auch sein Name in der Geschichtsdarstellung sowie Traditionspflege häufig verwendet wurde. In den Lesebüchern vergangener Generationen stand viel Wahres und Legendenhaftes über ihn, Truppenteile der königlichen und kaiserlichen Armeen trugen seinen Namen und selbst Friedrich II. hob den alten Haudegen lobend hervor. Heute erinnert im Gusower Schlosspark ein mächtiger Granitstein an den wohl bekanntesten Bewohner, der auf einen 75-jährigen Militärdienst zurückschauen konnte.

Als dieser 1695 verstarb, übernahm sein Sohn aus erster Ehe, Friedrich Freiherr von Derfflinger (1663 - 1724), das reiche Fideikommiss-Erbe (unteilbares Erbe). Dazu gehörten 14 ostpreußische und sechs märkische Güter, je ein Haus in Königsberg und Berlin, wertvoller Schmuck sowie eine stattliche Summe in bar. Er studierte an der Frankfurter Viadrina und diente in der venezianischen Armee, ehe Friedrich als Oberstleutnant in seine brandenburgische Heimat zurückkehrte. Nach der erfolgreichen Teilnahme am Rheinlandfeldzug, mit der Belagerung von

Bonn (1683), sowie weiteren Streifzügen quittierte er 1691 den Dienst, um an Vaters statt die Verwaltung der Güter zu übernehmen. 1704 gründete er im Auftrage des preußischen Königs das traditionsreiche „Grenadierregiment zu Pferd Freiherr von Derfflinger Nr. 3", welches er bis zu seinem Tode als Oberhaupt führte. Obwohl er am Frankreichfeldzug sowie am Nordischen Krieg teilnahm und bis zum Generalleutnant der Kavallerie aufstieg, hat er nie eine solche militärische Rolle gespielt wie sein Vater.

Ob unter seiner Herrschaft Neues entstand oder eine Weiterentwicklung der dörflichen Struktur stattfand, liegt leider im Dunkeln. Eine wichtige Veränderung im Inneren der Kirche ist jedoch überliefert. Das bemerkenswerte Sandsteinepitaph im Gedenken an den berühmten Generalfeldmarschall wird der Schlüterschule zugerechnet und hat die Wirren der Zeit überstanden. Aus der zerstörten Kirche geborgen, wartet es in der Komtureikirche Lietzen auf seine hoffentlich baldige Rückkehr auf den angestammten Platz. Friedrich Freiherr v. Derfflinger gründete gemeinsam mit dem Amtshauptmann v. Krummensee am 20. Juli 1718 bei Freienwalde ein Hüttenwerk. Allerdings wies der Eisenstein eine schlechte Qualität auf, sodass die beachtliche Investition nicht den erwünschten Erfolg brachte. Auch das Auffinden von Alaun[6] warf nicht den erwarteten Gewinn ab, weil es an Fachkräften und der richtigen Technologie fehlte. Friedrich Freiherr v. Derfflinger nahm als Oberdeichdirektor direkt Einfluss auf den Zustand der Oderdämme. Am 3. Mai 1716 stellte er in dieser Funktion gemeinsam mit den Landräten von Lebus und Sternberg, dem Hauptmann v. d. Marwitz auf Gließen, dem Leutnant v. Pfuel sowie drei Kammerräten während einer Inspektion Mängel fest. Daraufhin beauftragte der Oberdeichdirektor den erfahrenen Ingenieur Martin Friedrich von Kreutz diese Gefahrenstellen abzustellen. Später leistete v. Kreutz bei der Trockenlegung des Oderbruches Bemerkenswertes.

Da Friedrich Freiherr v. Derfflinger kinderlos starb, erlosch dieser bekannte, geschichtsträchtige Name bereits in zweiter Generation. Aber durch die Heirat seiner Schwesterntöchter existierten dennoch einige namhafte Nachkommen. Nur wenige sollen Erwähnung finden: Otto v. Bismarck, die Kronprinzessin Cecilie, zahlreiche Vertreter der Familien v. Podewils, v. d. Marwitz, v. Haugwitz, v. Ziethen, v. Schönburg-Glauchau, v. Schönburg-Waldenburg und Stollberg-Wernigerode.

Der gesamte Derfflinger-Nachlass wurde innerhalb einer Erbengemeinschaft aufgeteilt. Da das Gut aus Wirtschaftlichkeitsgründen nicht teilbar war, kaufte ein Sohn der ältesten Derfflinger-Tochter, Karl Heinrich von der Marwitz (1680 - 1744), Gusow und Platkow für die stolze Summe von 130 000 Talern.

3. Albertinenhof (um 1930)

Als Generalleutnant Friedrichs II. und als strenger Breslauer Stadtkommandant[7] ging er in die preußische Geschichte ein. Auch in seinem Heimatdorf setzte er ein hartes Regime durch. Im Schulzenamt misshandelten Inspektoren die Dorfbevölkerung so grob, dass mehrfach Mediziner und Prediger kommen mussten. Häufige Beschwerden seitens der Bauern über Drangsale sowie hohe Hofdienste hatten selbstverständlich keinen Erfolg. Eine nach Gusow kommende königliche Untersuchungskommission konnte oder wollte die Unbarmherzigkeit des Gutsherren und seiner Helfer nicht erkennen. Im Gegenteil, „aufmüpfige" Untertanen kamen für Monate ins „Stockhaus Cüstrin" oder verließen notgedrungen das Dorf. Nennenswerte Erweiterungen des gutsherrschaftlichen Besitzes gab es in dieser Zeit nicht, es ist jedoch nicht auszuschließen, dass die Überformung des alten Derfflinger-Schlosses in eine barocke, eingeschossige Dreiflügelanlage begann.

Als der General und Oberdeichdirektor v. d. Marwitz 1744 im schlesischen Breslau starb, trat seine älteste Tochter Sophie Amalie Albertine (1718 - 1784) das Erbe an, die 1744 den Gesandten und bevollmächtigten Minister Otto Christoph Graf von Podewils (1719 - 1781) in Breslau ehelichte. Seine beiden anderen Töchter waren Hofdamen der Markgräfin Wilhelmine von Bayreuth, der Schwester Friedrich des Großen. Da sie Offiziere aus „Feindstaaten"[8] heirateten, schloss der preußische König die beiden rechtmäßigen Erben von ihren Ansprüchen aus.

Graf von Podewils, ein Neffe des berühmten Ministers für Auswärtiges und enger Vertrauter des Monarchen, Heinrich Graf von Podewils, diente seinem König fünf Jahre lang als Gesandter am Hofe von Maria Theresia. Etwas glücklos im Amt, persönlich hoch verschuldet und gesundheitlich angeschlagen quittierte er den Dienst. Gusow wurde nun zum eigentlichen Aufenthaltsort der gräflichen Familie. Dadurch kam es zu einem Aufschwung im Oderbruchgut. Bereits 1744 erhielt der erste Gusower Tabakpflanzer, Hans Baudouin, vom Gutsherrn viele Privilegien, um diese neue Einnahmequelle gewinnträchtig auszubauen. Mit Erfolg, denn zwanzig Jahre später gab es bereits fünf Planteure, die ihre Erzeugnisse vor allem in Berlin verkauften. Während seiner diplomatischen Reisen sah der Graf die Pracht an den europäischen Höfen. Gleiches wollte er, trotz des hohen Schuldenberges, im Märkischen schaffen. Zwischen 1747 und 1780 wurde der Gusower Park auf 23 ha nach französischem Vorbild erweitert und mit einem umfassenden, heute noch vorhandenen Grabensystem versehen, das vor allem der Entwässerung der vormals feuchten Wiese diente. Der italienische Landschaftsreisende Bernoulli zeigte sich während eines Besuches im Jahr 1779 vom gesamten Anwesen und vor allem vom Park, den er als „einen der schönsten in den preußischen Staaten" bezeichnete, begeistert. Er zählte über 150 ausländische Pflanzen und viele Kräutersorten. Sein Gartenplan stellt zugleich die erste überlieferte Ansicht von Park und Schloss dar und zeigt mit dem „Kohl Garten" eine weitere wichtige Einnahmequelle des Gusower Gutes. Die „Kohlländereien" pachteten nicht nur Gusower, sondern auch Bewohner anderer Dörfer. Auf den genannten 15 ausgewiesenen Ackerflächen mit über 15 000 Quadratruten waren 1785 insgesamt 325 Parzellen für je 3 Taler pro Jahr verpachtet, auf denen nicht nur Kohl, sondern auch Mohn, Erdäpfel, gelbe Rüben und Hanf gediehen. Gemeinsam mit seiner Gemahlin Sophie Amalie erweiterte er die hiesige Bibliothek und sammelte viele wertvolle Kunstgegenstände, darunter Werke von Pesne, Rembrandt und Lucas Cranach. Inwieweit seine Einnahmen aus der Gutswirtschaft an diesem für das Oderbruch nicht alltäglichen Wohlstand Anteil hatten, ist nicht bekannt. In Berlin baute im gräflichen Auftrag der niederländische Baumeister de Bodt das „Palais Podewil" in der heutigen Klosterstraße 8.

Aus der Ehe des gräflichen Paares ging ein Sohn, Friedrich Heinrich Graf v. Podewils (1747 - 1804), hervor. Nach dessen Studium und Promotion an der Frankfurter Viadrina arbeitete er als Beamter im Klevischen und ab 1774 als Kriegs- und Domänenrat in Halberstadt. Noch im gleichen Jahr wählte der Lebuser Landtag Podewils zum Landrat, allerdings musste er die jährliche Besoldung von 390 Talern mit seinem Vorgänger Herrn v. Rohr teilen. Nach dem Tode seines Vaters übernahm Graf v. Podewils mit Wirkung vom 24. Mai 1784 den 1435 ha großen Familienbesitz und führte hier eine über die märkischen Grenzen bekannte Musterwirtschaft ein. Die Ergebnisse seiner Studien und die landwirtschaftlichen Erfahrungen veröffentlichte er 1803 unter dem Titel „Wirtschafts-Erfahrungen in den Gütern Gusow und Platkow gesammelt von deren Besitzer dem Grafen von Podewils". In diesem vierbändigen Werk listete er sämtliche Lohn-, Reparatur- und Produktionskosten, Produktionsmittel und Produktionsmethoden sowie die erzielten Erträge auf. Neben diesen betriebswirtschaftlichen Darstellungen des Weizen-, Tabak-, Kartoffel- sowie Kleeanbaus legte Heinrich Graf v. Podewils sein Selbstverständnis als Gutsherr und sein Verhältnis zu den „Bediensteten" dar. Er sah in den Bauern nicht bedingungslose Untergebene, sondern „selbstverantwortliche Mitarbeiter", deren Leistungen und Fähigkeiten mit Respekt zu behandeln und angemessen zu entlohnen seien. Als Folge seines aufklärerischen, auf der Höhe der Zeit stehenden Geistes verzichtet er auf die Spanndienste seiner Untertanen, die er auf insgesamt 3209 Tage im Jahre angab. Somit gehörte Graf v. Podewils zu den Vorkämpfern der preußischen Reformen, die erst nach seinem Tode verwirklicht wurden. Er erweiterte die Gusower Bibliothek um mehrere Tausend Bände und war Mitglied der „Naturforschenden Gesellschaft" sowie der „Mecklenburgischen landwirtschaftlichen Gesellschaft". Die Umgestaltung des barocken Parks in einen englischen Garten, vielleicht auch die Überformung des Schlosses in den klassizistischen Stil, geht auf seine Initiative zurück. Die auf einen Wert von 450 000 Taler[9] geschätzte Gutsherrschaft umfasste um 1800 ca. 4207 Morgen Ackerland[10], wovon 2339 im Bruch und 1868 Morgen auf der Höhe lagen. Auf dem Gut, zu dem auch der im Dorf liegende Amtshof sowie drei Vorwerke gehörten, arbeiteten nur wenige Untertanen. Im Rechnungsjahr 1784/85 umfassten die Gesamteinnahmen 23 849 Taler, wobei die größten Posten die Erlöse aus Getreide-, Rinder-, Schaf- sowie Schweineproduktion darstellten. Aber auch der Bier-, Spirituosen- und Tabakverkauf, die Verpachtung der Fischteiche, die Maulbeerbaumplantage, die Wassermühle Vogelsang sowie die Einnahmen durch Vermietung von Gutswohnungen und die in Geldform umgewandelten Fronleistungen trugen zu den stolzen Gesamteinnahmen bei. Nach Abzug aller Ausgaben blieben Graf v. Podewils immer noch 9544 Taler. Im Jahr 1792 errichtete er eine 42 Meter lange Trockenscheune für Tabak.

Seit der Derfflingerzeit sind Handwerker im Ort nachweisbar. Um 1785 gab es in beiden Dörfern bereits 35 Handwerker und 8 Gastwirte. Die Gutsbesitzerfamilie gehörte nach wie vor zu den größten Arbeitgebern im Dorf, neben den Landarbeitern und Bediensteten beschäftigte sie je einen Bäcker und Schmied sowie viele Männer und Frauen in der gräflichen Ziegelei und Brauerei. Die Ziegelei produzierte im Jahr ca. 60 000 Steine und die auf dem Amtshof befindliche Brauerei braute 110 000 Liter Bier.

Friedrich Heinrich Graf v. Podewils starb am 28. Mai 1804 kinderlos. Da das Gut in der Zwischenzeit in Allod-Eigentum[11] umgewandelt war, vererbte er es der sächsischen Marwitz-Linie. Die jüngste Tochter des Generals v. d. Marwitz, Friederike Karoline Henriette Gräfin von Schönburg-Stein (Waldenburger Linie), starb früh und hinterließ einen minderjährigen Sohn, Otto Carl Friedrich von Schönburg-Waldenburg, der als Reichsfürst bereits 1800 verstorben war. Somit ging das Oderbrucherbe gleichberechtigt an dessen vier Töchter sowie fünf Söhne. Fürstin Marie Clementine von Schönburg-Waldenburg (1789 - 1863) war nach Verhandlungen, die ihr Gatte Heinrich Graf von Schönburg-Hinterglauchau führte, die alleinige Herrin auf Gusow und Platkow. Hier fand das Ehepaar, nachdem das Glauchauer Schloss während der 48er-Revolution ein Opfer der Flammen wurde, vorübergehend eine neue „Heimat". Da der Graf den preußischen Prinzen Wilhelm 1814 kennen lernte, weilte dieser später als erster deutsche Kaiser öfter in Gusow. Aber auch Friedrich Wilhelm IV. war hier gerne Gast und soll, so erzählt man, von den Zedern begeistert gewesen sein. Ein Abtransport eines Taxusbaumes nach Potsdam scheiterte jedoch an dessen Größe. In die ersten Amtsjahre des neuen Gutsherrn aus Sachsen fiel die für das ganze preußische Land schwere französische Besatzungszeit. Das Schloss diente zur Unterbringung eines Stabes und dessen „Kriegskasse". Die Ansässigen mussten die Franzosen versorgen. Der Gusower Pfarrer Ehrlich schätzte später ein, dass in der Zeit von 1806 bis 1815 die Gusower 100 000 Taler für die Besatzungssoldaten und die spä-

tere Ausstattung der eigenen Truppen aufbringen
mussten. Von den 135 Gu-
sowern, die in die Befreiungskriege zogen, kehrten
24 nicht zurück. Bereits
um 1807 zeichneten sich
umfassende Änderungen
ab, die im Zusammen-
hang mit der Verwirkli-
chung der Stein-Harden-

4. *Gusower Loose (um 1925)*

bergschen Reformen und
entsprechender königlicher Verordnungen standen. Mit einigen Ver-
zögerungen fielen 1821 die letzten Schranken der Erbuntertänigkeit und
die Feldmarken wurden neu vermessen und bewertet. Drei Jahre später gingen 2653 Morgen Land per Losentscheid an die neuen Besitzer,
woran noch heute die Bezeichnung Gusower Loose erinnert. Die nun
freien Bauern errichteten in den folgenden Jahren insgesamt 32 Gehöfte. Für die Aufhebung der Frondienste erhielt der Gutsherr allerdings
jährlich von den Kossäten 50 Taler und von den Halbkossäten 25 Taler
Entschädigung. Erst 1834 fand die Separation in Gusow und Platkow
einen erfolgreichen Abschluss. In der Mitte des 19. Jahrhunderts lebten
im Dorf und auf dem Gut[12] rund 1400 Menschen in 340 Haushalten und
in 220 „bewohnbaren Häusern". Die meisten Gusower gehörten dem
evangelischen Glauben an. Nur zwei vertraten katholische Anschau-
ungen[13].
Aus der Ehe von Marie Clementine und Heinrich Graf von Schönburg-Hinterglauchau gingen vier Kinder hervor. Da der Älteste in familiäre Ungnade fiel, trat der Letztgeborene, Richard Clemens Graf v.
Schönburg-Glauchau (1829 - 1900), das Gusower Erbe an. Nachdem er
sich in seinen Jugendjahren mehrfach im Oderbruch aufhielt, trat er
fast zwanzigjährig in das sächsische Gardekavallerieregiment ein und
nahm an der Niederwerfung des Dresdner Aufstandes 1848 teil. Danach hielt er sich mehrere Jahre als sächsisch-königlicher Gesandter in
Madrid auf, ehe der gebürtige Sachse ins Potsdamer Regiment Garde
du Corps eintrat. Während des Deutsch-Französischen Krieges (1870/71)
führte der „Ritter des Johanniterordens" zuerst eine Krankenträgerko-

Gusow an der Ostbahn Partie aus dem Park mit Denkmal Sr. Erlaucht Richard Clemens, Grafen u. Herrn v. Schönburg-Glauchau.

5. Denkmal im Park für Graf Clemens – Der Sockel trägt heute den Kopf von Fontane

6. Karte: Sammlung Dietmar Zimmermann

Gusow (Ostbahn) *Schloß von der Parkseite*

lonne und übernahm später die
Dienststellung eines Königlichen
preußischen Flügeladjutants. Nach
dem Krieg widmete sich Graf Clemens intensiver seinen umfangreichen Oderbruchbesitzungen. Da er
das Haus Schönburg in der ersten
sächsischen Kammer und als Mitglied des preußischen Herrenhauses

7. Bahnhof Gusow (Ostbahn) um 1910

gleichzeitig den hiesigen Grafenstand vertrat, hatte seine Stimme sowohl im Land- als auch im Reichstag Gewicht.

Durch den landwirtschaftlichen Aufschwung in der zweiten Hälfte des
19. Jahrhunderts nahm auch das Dorf eine gute Entwicklung. Neue
Straßenzüge entstanden und die Bevölkerungszahl stieg innerhalb von
75 Jahren von 900 Einwohnern (1800) auf 2016 Gusower. Dafür sprach
auch die positive Entwicklung des örtlichen Gewerbes. Gusow, immer
an Handels- und Heerstraßen gelegen, erhielt ab 1866 durch den Bau
der Ostbahn wichtige Impulse. Viele Bewohner fanden neue Tätig-
keitsfelder und gleichzeitig kamen neue Ideen sowie zahlreiche „Aus-

8. An der Ostbahn. Schloss Gusow (um 1915)

GUSOW an der Ostbahn. Schloß

flügler" in den Ort, die wiederum den Gastwirten und Gusowern durch die Vermietung von Fremdenzimmern willkommene Einnahmen brachten. Bereits 1851 entstand außerhalb des Dorfes, ganz in der Nähe der Ziegelei, die „Fürstlich Schönburgsche Zuckerfabrik". Die gräflichen Besitzungen und Unternehmen warfen beachtliche Gewinne ab, die es Clemens ermöglichten, das in die Jahre gekommene Schloss vom bekannten Baumeister Neubart neogotisch überformen zu lassen. Die Dreiflügelanlage mit den drei prächtigen Türmen und dem Mittelrisalit erinnert noch heute an die Schinkel'schen Schlösser in Babelsberg sowie das 1947 abgerissene Friedersdorfer Schloss. Anlässlich des 50. Dienstjubiläums, ernannte der Kaiser den Gusower Gutsherrn zum Generalmajor. Graf Clemens starb 1900 als letzter evangelischer Graf und männlicher Spross der Schönburg-Glauchau-Linie. Seine Büste, einst im Park stehend, ist zwar längst verschwunden, aber der aus Marmor gefertigte Sockel, der heute den steinernen Fontane-Kopf trägt, und das eingemeißelte evangelische Bekenntnis „Eine feste Burg ist unser Gott" haben die stürmischen Zeiten überdauert. Die zweite Gattin des Grafen, Frieda geb. Freiin v. Fabrice, gründete die „Richard-Clemens-Stiftung", aus der die Gemeindeschwestern aus Platkow und Gusow ihren Lohn erhielten. Bei ihren sporadischen Besuchen empfing die Gräfin mehrfach ehemalige Besatzungsmitglieder des Schlachtkreuzers „Derfflinger", der an der Seeschlacht von Skagerrak (1916) teilnahm und drei Jahre später bei Scapa Flow von den Matrosen versenkt wurde. Das Gut Gusow-Platkow erbte nicht die Witwe, die hier nur Gastrecht genoss, sondern Prinz Ulrich v. Schönburg-Waldenburg, ein Neffe aus erster Ehe von Heinrich Graf v. Schönburg-Glauchau, um den brandenburgischen Besitz für die evangelische Familienlinie zu behaupten. Der neue Gutsherr wohnte allerdings nie im Oderbruch, sondern auf seinem Stammschloss bei Senftenberg. Nach dessen Tod ging der Besitz 1939 an Prinz Georg Schönburg-Waldenburg, der nie im Schloss, sondern im nahen Amtshof wohnte.

Im 20. Jahrhundert gewann in Gusow, wie auch in anderen Orten des Oderbruchs, dem „Gemüsegarten Berlins", die Gänsemast sowie der Pflanzenanbau an Bedeutung. Nach den schwierigen Inflationsjahren, die so manche Pleiten und Zwangsversteigerungen brachten, erholte sich das Gusower Gewerbe wieder, sodass in den dreißiger Jahren über 50 Gewerbetreibende ansässig waren, darunter drei Tankstellen, sechs

9. Schloss Gusow, Anfang des 19. Jahrhunderts

Gaststätten, neun Geschäfte, vier Fleischereien, drei Bäckereien sowie je eine Tischlerei und Fahrradschlosserei. Auf dem Gut fanden russische und polnische Saisonarbeitskräfte, die in den „Schnitterhäusern" wohnten, als billige Arbeitskräfte eine Beschäftigung. Während des Zweiten Weltkrieges ersetzten zahlreiche Kriegsgefangene die einberufenen männlichen Einwohner auf den Feldern und in den Ställen. Seit Februar 1945 veranlassten staatliche Stellen die Evakuierung des größten Teils der Gusower Bevölkerung. Nur wenige blieben. Deutsche Kommandos hinterließen von einigen Betrieben nur noch gesprengte Ruinen, ehe das Dorf Mitte April 1945 selbst zum Kampffeld wurde. Nachdem der Krieg im Frühjahr 1945 zerstörte Häuser, Ställe und Betriebe sowie verminte Felder hinterließ, lag das gewerbliche und landwirtschaftliche Leben völlig am Boden und viele Existenzen waren ernsthaft bedroht. Durch die seit Herbst 1945 betriebene entschädigungslose Enteignung des Schönburg'schen Besitzes erhielten landarme Bauern, Landarbeiter sowie 40 „Neusiedler" (Vertriebene) Ackerflächen. Der Karlshof wurde Provinzialgut und das neogotische Schloss, das seinen Glanz bereits seit langem verloren hatte, diente über einen längeren Zeitraum u. a. als Getreide- und Düngemittellagerstätte. Damit endete die Jahrhunderte dauernde Gutsherrschaft, in der die adligen Familien nicht nur das Leben ihrer Untertanen beeinflusst, sondern durch ihre wirtschaftlichen und persönlichen Bedürfnisse dem Dorf sowie den angrenzenden Territorien ihr Gepräge gaben. Davon zeugen noch heute die Reste der Gutsanlage, das Schloss mit dem angrenzenden Park und der Schlossgärtnerei, die Kirche, die Wasserläufe und Alleen, das Wege- und Straßensystem sowie mehrere Gebäude bzw. Straßennamen.

Anmerkungen

1   Fontane, Theodor: Wanderungen durch die Mark Brandenburg. Das Oderland. Aufbau-Verlag 1991. Seite 196.
2   Solche wehrhaften Anlagen sind mit der Osterweiterung der Grenzmark des Heiligen Römischen Reiches Deutscher Nation in größerer Anzahl entstanden. Sie stellten eine Alternative für nicht so vermögende Adlige dar, die keine Burgen errichten konnten. Die "Festen Häuser" sind die Vorläufer der Herrenhäuser.
3   Historische Nachrichten von Gusow und Platkow. Druck von F. Schomacker. Küstrin 1877. Seite 9.
4   Fontane, Theodor: Wanderungen durch die Mark Brandenburg. Das Oderland. Aufbau-Verlag 1991. Seite 211.
5   Historische Nachrichten von Gusow und Platkow. Druck von F. Schomacker. Küstrin 1877. Seite 20f.
6   Alaun ist ein Doppelsalz und war ein wichtiges Ausgangsprodukt für die Weißgerberei, Papierherstellung und Färberei.
7   In Breslau ließ er gegen den Widerstand der Bürgerschaft inmitten der Stadt Paradeplätze schaffen. Alle Beschwerden wies er ab.
8   Wilhelmine Dorothee (1719 - 1787) heiratete Otto Ludwig Conrad Graf v. Burghaus (habsburgischer Generalfeldmarschallleutnant) und Friederike Karoline Henriette (1720 - 1763) heiratete Albrecht Carl-Friedrich Graf v. Schönburg-Waldenburg (sächsische Linie).
9   Vgl.: Frie, Ewald: Friedrich August Ludwig von der Marwitz. Biographie eines Preußen. Schöningh 2001. Seite 105. Der Wert bezieht sich auf eine Angabe, die der Gutsherr selbst machte und vom Landrat, nach dessen Untersuchungen, akzeptiert wurde.
10 1 ha = 3,165 Morgen
11 Dem Lehnsträger persönlich gehörender Grund und Boden.
12 Dorf und Gut bildeten zu dieser Zeit noch zwei relativ selbstständige Verwaltungsstrukturen.
13 Vgl.: Hegen, Herbert: Biergeld für Knecht Thielow. Brandenburger Blätter vom 19. April 2002. Seite 7.

Literatur

Eggers, B.: Das Schloss Gusow. Heft 492. Deutscher Kunstverlag, München, Berlin 1995.
Herrmann, G.-U.: Georg Freiherr von Derfflinger. Stapp Verlag 1997.
Herrmann, G.-U.; Neubert, J.; Nühse, K.; Schulz, E.; Studier, P.-R.: Derfflinger und Gusow. Verlag Bock & Kübler, Fürstenwalde 1995.
Schulz, Gerhardt: Bauern, Bürger und Edelleute Schapelow. Bibliothek Familiengeschichte Quellen - Band 25. Verlag Degener & Co. 1981.
Winkelmann, A.: Gusow und Platkow. Selbstverlag 1904.

Gerd-Ulrich Herrmann

DER MARWITZ'SCHE BESITZ IN FRIEDERSDORF

Gutsherrschaft und Gutswirtschaft stellten über Jahrhunderte eine we-
sentliche Grundlage des adligen Lebens in Preußen dar und prägten die
Angehörigen jenes Standes. Gutsherren waren zugleich „Herrscher im
Kleinen", denn sie trugen die Gerichtsbarkeit sowie Schul- und Kir-
chenaufsicht und ernannten Schulzen bzw. Dorfvorsteher. Erst im Ver-
laufe des 19. Jahrhunderts wurden diese Privilegien schrittweise durch
staatliche Kontrollen und Gesetze aufgelöst. Von den zu Beginn des 19.
Jahrhunderts bestehenden 38 Gütern im ehemaligen Lebuser Kreis,
gehörten 27 adligen Familien. Das Friedersdorfer Gut hob sich nicht
durch Größe bzw. Wert von den anderen ab, sondern durch einen 263-
jährigen Familienbesitz. Agrarkrisen und Aussterben der „Mannes-
stämme" überdauerten neben der Familie v. d. Marwitz nur noch die
Buckower Familie v. Flemming (1674 - 1945).
Ein bemerkenswerter Zeitrahmen, der zu einem näheren Betrachten des
Marwitz'schen Rittergutes herausfordert, weil das kleine märkische
Friedersdorf, mit knapp 300 Seelen, vor allem Fontanekennern und Ge-
schichtsinteressierten bekannt ist. Schließlich erwähnte der erste Bundespräsident, Theodor Heuss, anlässlich einer Gedenkrede zum 10. Jahrestag des Attentats vom 20. Juli 1944, diesen kleinen märkischen Ort. Er
sagte: Der „... Begriff des Preußischen wird seit einiger Zeit zu sehr stra-
paziert ... Aber wenn irgendwo, dann steht Preußens Denkmal, das Wort
als moralischer Begriff, der dann zugleich eine menschliche Haltung
zeigt, in einer Dorfkirche der Mark Brandenburg, zu Friedersdorf ... So
mag das Preußische, Preußens ‚Gloria', als moralische Substanz be-
griffen werden."[1] Später wird auf den historischen Hintergrund der be-
merkenswerten Feststellung noch einzugehen sein. 1911 gründete sich
in Berlin ein Verein „Familienverband derer von der Marwitz", der „Zusammenhalt und Ehre des Geschlechtes erhalten und wahren" sollte.
Wahrscheinlich bereits im 13. Jahrhundert im Zuge der deutschen
Osterweiterung gegründet, wurde „Frederichstorp" jedoch erst 1323 ur-
kundlich erwähnt. Zu dieser Zeit existierte bereits eine kleine Feldsteinkirche, die später erweitert wurde und 1702 den barocken Turm-

aufsatz erhielt. Friedersdorf war mit 46 Hufen ausgestattet, wovon drei dem Pfarrer freistanden und auf die übrigen Flächen dem Lebuser Domkapitel 4 Groschen entrichtet werden mussten. In den ersten Jahrhunderten wechselten die Besitzverhältnisse häufig. Bis 1401 gehörte dieser Flecken dem Markgrafen, dann bis 1598 dem Lebuser Bischof und schließlich folgten die Landesherren. Anfang des 15. Jahrhunderts gehörte der Besitz der einflussreichen märkischen Familie v. Schapelow, die im Lebuser Land 13 Ortschaften ihr Eigen nannte. 1511 überließ Christoph v. Schapelow dem Fürstenwalder Dom 2 Schock Groschen für ein gewährtes Darlehn. Nach seinem Tod im Jahre 1529 verlieh Kurfürst Joachim I. dem Quilitzer Melchior v. Pfuel den Besitz, der damit eine 100-jährige Familientradition einleitete. Neben Friedersdorf erhielt er vom Sonnenburger Herrenmeister des Johanniterordens die Hackenower Äcker als Lehen. In einem von Georg v. Pfuel (1565 - 1629) angefertigten „Hausbuch" sind wichtige Hinweise auf das Wirken dieser Familie in Friedersdorf enthalten. Er übernahm 1603, nach dem Tod seines Vetters, das halbe Gut[2] und für 9500 Taler ein Viertel von Kienitz. Ein Jahr später erntete er von 12 Wispel Gerstenaussaat 110 Wispel, von 12,5 Wispel Roggenaussaat 88, von 9 Wispel Hafer 36,5 und füllte 102 „Fässchen" Rot- und Weißwein ab. Ein schwerer Hagelschlag (1605) vernichtete einen großen Teil der Ernte, sodass er nur jedes „vierte Korn" erntete.[3] 1593 entstand eine bis ins 19. Jahrhundert existierende Schäferei. Neun Jahre später ließ der Rittergutsbesitzer für 1000 Taler eine große Scheune errichten. Der älteste Bauabschnitt des nach 1945 gesprengten Schlosses, geht auf den Bau eines Herrenhauses (1605 - 1608) durch Georg v. Pfuel zurück. Nach Georgs Tod führte dessen Frau, Adelgunde v. d. Marwitz, den Rittersitz in eine schwere Zeit. Als die Truppen Gustav Adolfs nach Frankfurt (1631) zogen, erfuhren die Friedersdorfer erstmals das Kriegsleid am eigenen Leibe. Auch in den nachfolgenden Jahren mussten sie Kontributionen an Futter leisten. Angesichts der Gefahren brachte die Witwe Getreide und einige wertvolle Stücke auf den Küstriner Kornboden des Herrenmeisters. Nach dem Westfälischen Frieden (1648) konnten ihre Söhne, Idel und Heino, die Besitzungen nicht mehr behaupten.

Friedersdorf kam für 14 000 Taler an den späteren kurbrandenburgischen Generalleutnant Ernst v. Görtzke[4], der 1611 in Bollersdorf als Spross einer alten, verarmten märkischen Adelsfamilie geboren wurde

*1. Grab von Eberhard v. d. Marwitz in
Nikolsburg, (1790 - 1809 gefallen)*

*2. Alexander v. d. Marwitz
(1787 - 1814 gefallen)*

und in jungen Jahren „Edelknabe" der Schwester des Kurfürsten, Marie Eleonore, war. Nach ihrer Hochzeit mit König Gustav Adolf trat auch Georg als Page in seinen Dienst und gehörte 1625 bei der Landung des schwedischen Heeres zur Streitmacht des Wasa-Königs. Sieben Jahre später kämpfte der Leutnant der Leibgarde bei Lützen. Während dieser Schlacht fiel der schwedische König und Leutnant v. Görtzke erlitt eine schwere Verwundung. Das verkürzte Bein, auf seiner Grabplatte in der hiesigen Kirche in Sandstein verewigt, erinnerte ihn stets an dieses Missgeschick. Im Pfuelschen Regiment stieg er trotz alledem die militärische Karriereleiter empor. Als kriegserfahrener, mit einem beachtlichen Vermögen ausgestatteter Oberstleutnant kehrte v. Görtzke nach Ende des Dreißigjährigen Krieges in seine märkische Heimat zurück und heiratete 1754 Lucis v. Schlieben. In dieser Zeit übernahm er das Friedersdorfer Gut mit seinen zwei Rittersitzen, das sich allerdings in einem ruinierten, unbewohnbaren Zustand befand. Die weit sichtbare Kirche, bereits 1637 von den kaiserlichen Truppen zerstört, besaß keinen Turm mehr und wies viele Brandschäden auf. „Von den zwei Herrenhäusern waren in dem einen nur wenige bewohnbare Räume, die

Decken mit Bäumen abgestützt, die Dielen meist verfault, Öfen einge-
fallen, Fenster und Türen zerschlagen; Gartenzäune, Gehege offen und
verwüstet; vom ‚zweiten Rittersitz' – es bestanden zwei getrennte in sich
geschlossene Höfe – wird gemeldet: An selbigen Ort, wo hiebevor
Scheune und Ställe gestanden, sind nicht mehr denn die bloßen Stellen zu finden".[5] Da die Gräben versandet waren, trugen die Bruchäcker
keine „Früchte" mehr.

Auch die 13 Kossätenhöfe hatten Plünderungen und Brandschatzun-
gen nicht überstanden. Im Dorf lebten, in den vier halbwegs bewohnbaren Häusern, nur noch fünf „Landwirte", die mit dem Beheben der
umfangreichen Zerstörungen begannen. Durch die Flucht vieler Bauern sind ihre Gehöfte an v. Görtzke gefallen, der nun seinerseits ab 1664
diese mit je einem Ochsen, einer Kuh, 5 Scheffeln Roggen und 4 Scheffeln Gerste für 53 Taler jährlich an die „Loßbauern" übergab. Bereits im
ersten Jahr entstanden dadurch acht bäuerliche Wirtschaften.

Im Zuge des Aufbaues des kurfürstlichen Heeres trat er 1656 als Oberstleutnant in den brandenburgischen Dienst. Bereits 1672 stand v. Görtzke als General an der Spitze dreier Regimenter mit insgesamt 24 000
Mann, die ihm regelmäßige Einnahmen brachten. Nach dem Frieden
von St. Germain übernahm der greise General die Küstriner Statthal-
terschaft.

Georg v. Görtzke, Erbherr auf Bollersdorf, Kienitz sowie Friedersdorf,
ließ mit seinen im „Kriege erworbenen Reichtümern" sowie dem Sold
als General bzw. Festungskommandant das Dorf neu errichten und be-

3. Hans Otto
v. d. Marwitz
und Ehefrau
Emilie v.
Derfflinger

völkern, sodass 1691 in dem 130 Einwohner umfassenden Dorf 12 Kossäten wirtschafteten. Er dürfte angesichts seines hinterlassenen Erbes zu den Reichsten in der gesamten Mark gehört haben. Als der 72-Jährige am 27. März 1682 in Küstrin verstarb, übernahm sein Schwiegersohn, der anhaltisch-zerbstische Hofmarschall Johann Georg v. d. Marwitz (1638 - 1704), das Erbe. Er machte „den Acker und den anstoßenden Teil des Oderbruchs urbar, erbaute den gegenwärtigen Rittersitz, die Kirche und den Turm, setzte wieder einen Prediger und Küster ein und ordnete alle Verhältnisse, so daß er als der neue Begründer des Ortes angesehen werden muss."[6] Im Jahre 1687 vermählte er sich in dritter Ehe mit Elisabeth Sibylle v. Osterhausen (1663 - 1740), die nach seinem Tod die Güter „15 Jahre mit unermüdeter Sorgfalt, Sparsamkeit und männlicher Klugheit (führte); sie hat die Kirche in Friedersdorf und Rietz sehr zierlich ausgeschmückt, mit Orgeln versehen und beschenkt und sich als eine Mutter der Armen und Notleidenden bewiesen."[7] Von dem, was sie schuf, zeugt heute noch die wieder erstandene Kirche mit dem prächtigen, barocken Epitaph für den verstorbenen Gatten. Bei späteren Reparaturen am Turm fand man ein Schreiben aus dem Jahre 1702, aus dem hervorging, dass der Baumeister Johann Wolf aus Küstrin die Erneuerungen leitete.

Von ihren vier Söhnen übernahm nach dessen Mündigkeit August Gebhard v. d. Marwitz (1695 - 1753) die Friedersdorfer und Kienitzer[8] Güter. Wie viele seiner Verwandten ging auch er einer militärischen Karriere nach. Bis zu seinem 1719 erteilten Abschied diente er als Hauptmann im Frankfurter Infanterieregiment Nr. 25 und nahm am Nordischen Feldzug teil. Während seiner 34-jährigen Gutsherrschaft führte der streng religiöse August Gebhard stets ein autoritäres Regiment, wie „etwa der ‚Soldatenkönig im kleinen', und das bekannte ‚Lieben sollt ihr mich' ward auch hier mit dem spanischen Rohr auf die Rücken geschrieben."[9] Auf seinem Landsitz

4. Sofie Amalie Albertine v. d. Marwitz (1718 - 1784)

und im Berliner Haus genoss der Gutsherr ein „angemessenes Leben".
Während des missglückten Versuches, den brennenden Wirtschaftshof
zu löschen, zog er sich eine schwere Erkältung zu, an dessen Folgen August Gebhard 1753 verstarb. Auch ihm wurde ein Epitaph, das sich heute an der Südwand der Kirche neben dem seines Vaters befindet, gewidmet.

Von den vier hinterbliebenen Söhnen wurde Johann Friedrich Adolph
(1723 - 1781) sein Nachfolger. Bereits als 17-Jähriger diente er im Küras-
sierregiment Gensd'armes. Unweit seines Heimatortes ernannte ihn
Friedrich II. nach der Zorndorfer Schlacht zum Major. Als Oberst v. d.
Marwitz aus dem Siebenjährigen Krieg zurückkehrte, wies sein Gut einen schlechten Zustand auf, denn vier Jahre zuvor plünderten und wü-
teten Russen im Dorf, ermordeten den Pfarrer Reich und vertrieben die
Bewohner. Der Erbherr verpachtete daraufhin seinen Landbesitz und
ging seinen Dienstgeschäften in der hauptstädtischen Garnison nach.
Ein nicht alltägliches Ereignis während des Siebenjährigen Krieges hatte ihn berühmt gemacht. Sächsische Soldaten plünderten 1760 das
Charlottenburger Schloss und zerstörten dabei die wertvolle Antiken-
sammlung. Als „Vergeltung" befahl der König seinem getreuen Oberst
das kurfürstlich-sächsische Jagdschloss Hubertusburg zu plündern.
Weil ein solcher Befehl seiner Offiziersehre widersprach, verweigerte er
diesen und fiel damit in königliche Ungnade. Nach längeren Auseinandersetzungen mit Friedrich II. erhielt der preußische General 1769
seinen geforderten Abschied, der jedoch nicht endgültig war, denn
während des Bayerischen Erbfolgekrieges diente General v. d. Marwitz
als Generalintendant im Korps des Prinzen Heinrich. Danach zog er
sich für immer auf sein Gut zurück, wo er am 14. Dezember 1781 starb.
Jahrzehnte später schrieb sein Neffe, Friedrich August Ludwig, den oft
zitierten Spruch, der nicht nur seiner Feder, sondern vor allem seiner
eigenen Gesinnung entsprang. Dieser leuchtet in der Kirche auf der
berühmten Gedenktafel in goldenen Lettern: „Er sah Friedrichs Hel-
denzeiten und kämpfte mit ihm in allen seinen Kriegen. Wählte Ungnade, wo Gehorsam nicht Ehre brachte." Diese Geschichte veranlasste Th. Heuss zu der eingangs genannten Feststellung.

Bereits während der Herrschaft seines Vaters wurden einige grundle-
gende Veränderungen in der Dorfstruktur eingeleitet. Seit 1735 gehörten
die Ackerflächen, acht Jahre später die Wiesen und Hütungen nicht mehr

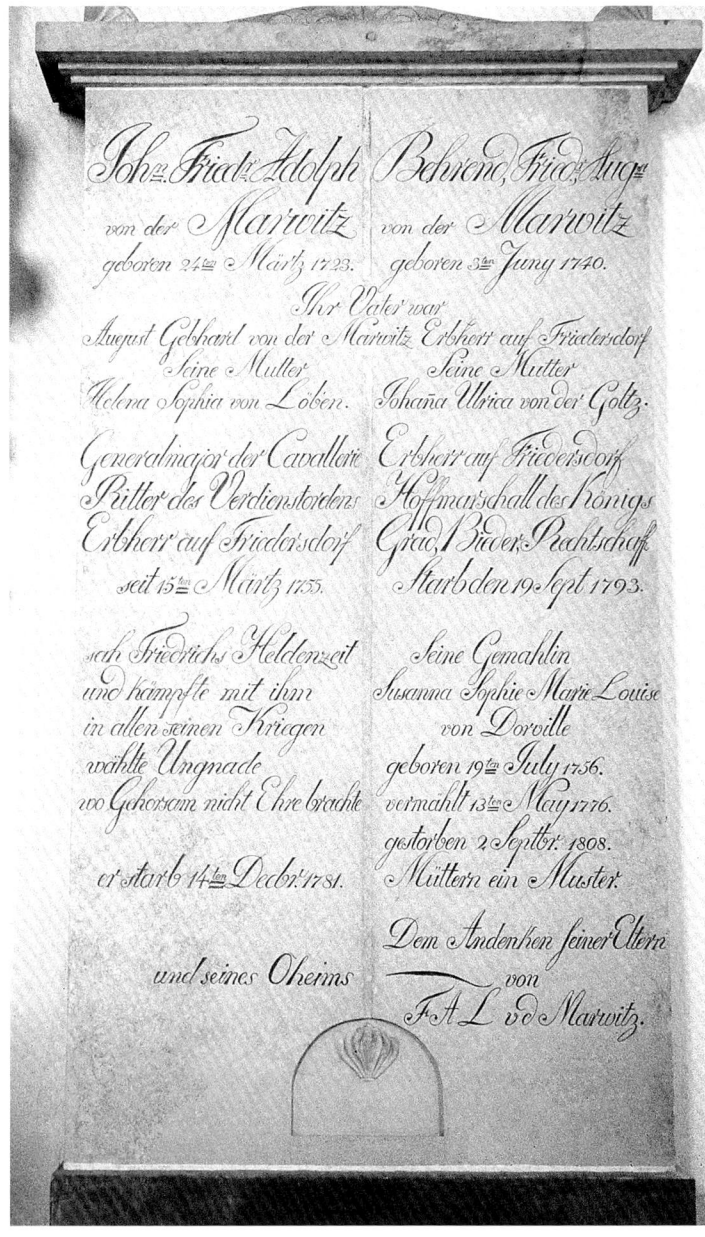

5. Gedenkstein in Friedersdorfer Kirche, das sog. „Denkmal Preußens"

zum Grundbesitz. Zwei Jahre bevor August Gebhard starb, übernahmen die „spannfähigen" Bauern für 100 Taler ihre Höfe in persönliches Eigentum, allerdings gingen noch einige Jahrzehnte bis zur vollständigen Abzahlung der Verpflichtung ins Land. Durch diese Maßnahme erhielten die Bauern, lange vor der „Bauernbefreiung" des 19. Jahrhunderts, ihre, wenn auch eingeschränkte, Unabhängigkeit. Der Gutsherr besaß im Falle der Landveräußerung weiterhin das Vorkaufsrecht und hatte mit dem Patrimonialgericht sowie der Polizeigewalt einschneidende Möglichkeiten die „freien Bauern" weiterhin wie Untertanen zu behandeln, was viele Gerichtsakten belegen. Entsprechend einer Verordnung mussten die Bauern ab 1782 insgesamt 52 Spann-, 117 Manns- und 72 Frauentage sowie weitere Leistungen, wie zusätzliche Spanndienste, Abgaben für jedes neugeborene Vieh, Botengänge, Spinn- und Drescharbeiten und einen Pflugtag, erbringen. Die Bauernkinder waren außerdem zum dreijährigen Gutsdienst verpflichtet und blieben danach häufig als Mägde bzw. Knechte in ihrem Heimatdorf.

Rechtlich an die Herrschaft gebunden, konnten die Bauern ihre wirtschaftliche Selbstständigkeit nur schrittweise erlangen. Ein Blick auf die 1837 erstmals durchgeführte Erhebung des Landarmengeldes gewährt über die unterschiedlichen Vermögenslagen einen interessanten Aufschluss, denn die 19 Bauern zahlten nur 12,5 Groschen und die Herrschaft das Zwanzigfache. Die bäuerlichen Familien stellten 43% der Einwohnerschaft, besaßen aber nur 40% der landwirtschaftlichen Nutzfläche. Jede Wirtschaft umfasste seit 1799 je 76 Morgen Land sowie einen kleinen Viehbestand mit bis zu fünf Pferden, Kühen und Schweinen. Auf den Bauernhöfen waren 1809 insgesamt 12 Knechte und Mägde in „Lohn und Brot". Im Jahre 1834 ernährten sie bereits 43% der Dorfbewohner. Die Bauern, die größten „Arbeitgeber des Ortes", beschäftigten im Durchschnitt 1,7 Knechte bzw. Mägde. Da die Dienstpflichten der Bauern zur Bewirtschaftung des umfangreichen herrschaftlichen Besitzes nicht ausreichten, gab es auch in Friedersdorf die so genannten „Nicht- bzw. Unterbauern", die mit 38% der Einwohnerschaft die Hälfte aller Haushalte stellten. Dazu gehörten die neun Bediensteten des Marwitz'schen Haushaltes sowie 60 „Angestellte" ihrer Wirtschaft, wie Rechnungsführer, Verwaltungsleiter, Verwalter, Hirten, Knechte und Mägde. Auch mit diesen Personen verfuhr der Gutsherr sehr hart

6. Getreidespeicher, 1922 erbaut, seit 1991 als Kunstspeicher Friedersdorf genutzt; Foto 2000.

und uneingeschränkt. Um 1812 wohnten in Friedersdorf 14 Tagelöhnerfamilien, die ihre durchschnittlichen 38 Taler durch Arbeit „beim Gutsherren" verdienten. Die „Nichtbauern", wie Handwerker und Gewerbetreibende, erhielten durch ihre Tätigkeit einen dem der Bauern entsprechenden Verdienst. In der ersten Hälfte des 19. Jahrhunderts kam es zu einer gravierenden Änderung innerhalb der Dorfhierarchie und Einwohnerzahl. Lebten 1809 insgesamt 268 Einwohner in Friedersdorf, waren es 25 Jahre später 393 Personen. Dieses Wachstum von über 43% ist, da die Anzahl der bäuerlichen Wirtschaften konstant blieb, ausschließlich durch den Zuzug von „Nichtbauern" zustande gekommen. Das Friedersdorfer Gut lag abseits der großen Verkehrsstraßen, nur eine unbefestigte Verbindung zwischen Seelow und Frankfurt führt dicht am Schloss und Amt vorbei. Selbstverständlich hob sich dieses gutsherrschaftliche Ensemble durch Wert, Baustil und vor allem Lage von den anderen Dorfbauten ab. Der Marwitz'sche Besitz war zu jener Zeit mit 8000 Talern, die bäuerlichen Häuser zu je 300 Taler und alle herrschaftseigenen Tagelöhnerhäuser zusammen mit 400 Talern gegen Feuer versichert. Die Wohnverhältnisse waren, angesichts des starken Bevölkerungszuwachses und der gleich bleibenden Anzahl der Wohnungen, mehr als bedenklich. So zerstörte ein Sturm Ende der zwanziger Jahre des 19. Jahrhunderts, in der Zeit, in der das Schloss von Schinkel überformt wurde, das Haus des Bauern Jädicke. Immer mehr der „Unterbäuerlichen" wohnten äußerst ärmlich und viele mussten gar als „Einlieger" Schlafstellen bei den Bauern mieten.

Nach dem Tod des 58-jährigen Johann Friedrich Adolph v. d. Marwitz trat im Frühjahr 1782 dessen Halbbruder, Behrend Friedrich August (1740 - 1793), das schuldenbelastete Friedersdorfer Erbe an, ohne seine bereits eingeschlagene politische Karriere aufzugeben. Dies hatte auch gute Gründe, denn er verfügte über keine landwirtschaftlichen Ambitionen und sah sein Gut vor allem als Einnahmequelle und Erholungsort. Nach seinem Studium in Frankfurt/O. führten ihn mehrere diplomatische Missionen zu den einflussreichsten Höfen der europäischen Geschichte. Als sein Gönner, Friedrich II., starb, ernannte dessen Nachfolger ihn zum preußischen Hofmarschall. Obwohl der neue Gutsherr jährlich sieben Monate in Friedersdorf weilte, ging die Wirtschaft weiter zurück. Der Grund dafür dürfte darin liegen, dass er als Hofmarschall drei Jahre lang kein Gehalt erhielt und seine aufwändigen Reisen aus „eigener Tasche" beglich, ehe der König die Unkosten übernahm und jährlich 3000 Taler bewilligte.

Als Behrend Friedrich August an Schwindsucht starb, hinterließ er, außer den drei minderjährigen Söhnen und vier Töchtern, nichts. Nur das Vermögen seiner Frau konnte das Friedersdorfer Gut erhalten. Da der Erstgeborene noch nicht volljährig war, verpachteten die Vormünder den 2291 Morgen umfassenden Besitz auf neun Jahre und einer jährlichen Pacht von 6475 Talern an Carl Friedrich Baath, einem Bruder des Gutsnachbarn und Oberamtmanns auf Sachsendorf. Aus unterschiedlichen Gründen sanken im Sieben-Jahresdurchschnitt die Einnahmen auf 3900 Taler jährlich. Die Familie v. d. Marwitz sah darin eine angebliche Unredlichkeit des Pächters. Eine unhaltbare Vermutung, denn Baath übernahm bereits ein unwirtschaftliches Gut und mahnte die vernachlässigten Reparaturen sowie die ungenügende Saatpflege an. Als aktiver Anhänger Thaers und Mitarbeiter an der „Reformgesetzgebung" strebte Baath eher nach einer höheren Effektivität als nach einer Misswirtschaft. Aber Forderungen der Vormünder, wie Beibehaltung des unwirtschaftlichen Systems der Dreifelderwirtschaft und Brachen, hemmten seine Bestrebungen nach Erneuerung. Von der Pacht ausgenommen blieben selbstverständlich das Patronat, das Schloss, die Gärten, ein „lusthaus auf dem Berg", die gesamte Holzung sowie einige weitere Gebäude.

Durch diesen Vertrag konnten sich die Familienangehörigen in Friedersdorf jederzeit aufhalten und das dörfliche Leben beeinflussen, ohne gutswirtschaftlichen Verpflichtungen nachkommen zu müssen. Diese wenigen Sommerwochen waren für den Zusammenhalt der räumlich getrennt lebenden Familie v. d. Marwitz äußerst wichtig. Die Witwe lebte mit den Töchtern in Berlin. Der älteste Sohn, Friedrich August Ludwig, war bereits Soldat und die beiden anderen erzog der Küstriner Hofprediger Arend. Friedrich August Ludwig v. d. Marwitz (1777 - 1837) wurde 1802 das „Familienoberhaupt" und musste nach dem Tod seiner Mutter für seine Geschwister aufkommen. Friedrich Ludwig August v. d. Marwitz begann, wie damals üblich in adligen Familien, seinen Dienst in der ehemaligen friderizianischen Armee mit jungen Jahren. Seinem berühmten Onkel folgend diente auch er im „Eliteregiment Gensd'armes". Seine militärische Biografie weist die Teilnahme an vielen preußischen Feldzügen auf. So nahm der damalige Fähnrich am Polnischen Feldzug von 1794 teil, erlebte die preußische Katastrophe von Jena sowie die Kapitulation von Prenzlau und schuf weitab der Heimat das Marwitz'sche Freikorps, mit dem er im Juli 1807 auf der Insel Rügen kapitulierte. Im Mai 1813 trat er als Major wieder in die preußische Armee ein und hatte im Lebuser Kreis maßgeblichen Anteil an der Schaffung zweier kurmärkischer Landwehrregimenter, die er als gemischte Brigade in den Befreiungskrieg führte. Die erste Bewährungsprobe der gerade geschaffenen Landwehr gegen französische Linientruppen, am 27. August 1813 bei Hagelberg, konnte vor allem dank seines

7. Fr. August Ludwig v. d. Marwitz (1777 - 1837)

8. Fr. August Ludwig v. d. Marwitz
(1777 - 1857)

Eingreifens siegreich beendet werden. Nach erfolgreichen Belagerungen der Magdeburger und der Weseler Festung kehrte der gerade ernannte Kommandeur einer Landwehrdivision wieder in das zivile Leben und damit auf sein Gut zurück. Als im Frühjahr 1815 das preußische Heer erneut mobilisiert wurde, zog Oberst v. d. Marwitz als Kommandeur einer Kavalleriebrigade des III. Armeekorps gegen Napoleon. Mit den Kavalleristen nahm der Friedersdorfer bei Ligny und Wavre an Gefechten teil. Als die Blücher'sche Rheinarmee aus Frankreich den Rückmarsch in die Heimat antrat, begab sich der „Pour le Mérite-Träger" auf eine dreimonatige Englandreise. Danach entschied sich Friedrich August Ludwig v. d. Marwitz zum weiteren militärischen Dienst und übernahm die 15. Kavalleriebrigade in Frankfurt. Nach einer Auseinandersetzung mit dem künftigen Kaiser Wilhelm I. beendete er 1827 seine militärische Karriere und erhielt als Generalleutnant a. D. eine jährliche Pension von 1800 Talern.

Sicherlich sah sich Friedrich August Ludwig v. d. Marwitz, als er die Standesherrschaft 1802 übernahm, durch ausgedehnte Berlin-Aufenthalte und den früh beginnenden Militärdienst, nicht als Landadliger. Jedoch durch die Umstände gezwungen, stellte er sich der standesgemäßen Verantwortung und übernahm, im Gegensatz zu seinen Vorfahren, eine aktive Rolle bei der Gestaltung der Wirtschaft und des dörflichen Lebens. Aber die Zeiten waren schwer: Neben dem enormen Schuldenberg hemmten seine häufigen Kriegseinsätze, die elf Monate dauernde französische Einquartierung, der Brand der Wirtschaftsgebäude und die damit verbundene Vernichtung einer gesamten Ernte (1806), der Verfall des Getreidepreises, Missernten (1815

und 1819) sowie die Viehseuche (1819)
den wirtschaftlichen Neuanfang erheblich. Auch die anderen Bewohner litten
unter den Besatzern, als diese am 26. Oktober 1806 mittels Brandschatzung 400
Taler eintrieben.
Das persönliche Leben des neuen „Standesherren" war gleichfalls von vielen
schweren Verlusten begleitet. Als besonders schicksalhaft empfand er den Tod seiner ersten Frau „Fanny", Franziska geb.
Gräfin v. Brühl, nach nur einem Ehejahr.
Sein Schmerz, in Stein gemeißelt, ist heute
noch zu erahnen: „Hier ruht mein Glück"
– steht auf ihrem Grabstein. Durch diese

9. Gebhard v. d. Marwitz
(1818 - 1833)

Heirat, aus der ein Mädchen hervorging,
trat Friedrich August Ludwig v. d. Marwitz mit dem späteren Militär-
reformer, Carl v. Clausewitz in familiäre Verbindung, da dieser die
Schwester seiner Gemahlin ehelichte. Mit der zweiten Frau, Charlotte
Gräfin v. Moltke, hatte er neun Kinder. Seine beiden Brüder starben auf
den Schlachtfeldern[10] und von den elf Kindern überlebte er vier. In Sor-
ge um einen „Stammhalter" schrieb der Oberst im Frühjahr 1815: „Ich
würde auch recht gern sterben, wenn meine Söhne noch lebten, so aber
sehe ich nicht gern Friedersdorf in fremde Hände kommen. – Zum vier-
ten Mal verlasse ich nun Haus und Hof und ziehe in den Krieg ... Ich
habe gelebt und werde leben für das Wohl des Vaterlandes, ... und für
die sichere Gründung meines Stammes und Besitzes ... und wenn ich
dann in diesem Krieg falle, so wird mir der Übergang nicht schwer werden, da mir der Himmel bevölkerter ist, als die Erde".[11] Als ihm endlich 1818 mit Gebhard und sechs Jahre später mit Bernhard weitere
männliche Nachkommen geboren wurden, widmete sich Friedrich August Ludwig v. d. Marwitz deren Erziehung und Ausbildung besonders
intensiv, wobei Landwirtschaft und standesgemäße Verantwortung einen wichtigen Platz einnahmen. Der Älteste besuchte daher kein bür-
gerliches Gymnasium, sondern die den alten Traditionen verpflichtete
Brandenburger Ritterakademie. Allerdings verkraftete der Jüngling
die familiäre Trennung sowie die strengen Sitten der Bildungsstätte of-

fensichtlich nicht, denn er verstarb plötzlich nach einer der vielen Prüfungen. Von diesem erneuten Verlust eines Stammhalters tief getroffen, erholte sich der Vater nur schwer. So blieb von seinen vier Söhnen nur noch Bernhard.

Friedrich August Ludwig v. d. Marwitz war gegenüber landwirtschaftlichen Fragen stets aufgeschlossen und versuchte mit unterschiedlichen Mitteln die Effektivität seines Gutes zu heben. Dabei half ihm ein glücklicher Umstand, denn einige der Gutsnachbarn praktizierten neue Methoden in der Acker- und Viehwirtschaft. Der Friedersdorfer schätzte später ein, dass besonders der wochenlange Aufenthalt auf den umfangreichen Besitzungen der legendären „Frau v. Friedland" wichtig für seine künftige, eigenständige Arbeit in Friedersdorf war: „Von ihr habe ich das meiste in der Landwirtschaft gelernt, ungefähr alles, was ich nicht schon aus der Kindheit wusste und nachher aus den Erfahrungen erwarb."[12] Mit ihrem Schwiegersohn, Peter Alexander Graf v. Itzenplitz, verband ihn eine bis in die dreißiger Jahre des 19. Jahrhunderts dauernde Freundschaft. In der Zeit zwischen 1813 und 1815 kümmerte sich der Kunersdorfer um das „herrenlose" Marwitz'sche Gut. Durch die Familie v. Itzenplitz erfuhr der Friedersdorfer von den Lehren des bekanntesten Verfechters der Agrarreform und späteren Mögliner Gutsherrn, Albrecht Daniel Thaer. Dieser urteilte 1807 über den alten Rittersitz: „Die ganze Wirtschaft wird mit militärischem Ordnungsgeist, aber ohne alle Pedanzerei, von dem Herrn Major, ohne eigentlichen Verwalter selbst dirigiert."[13]

Angesichts der gewaltigen Änderungen in den nachbarlichen Wirtschaften ging Friedrich August Ludwig v. d. Marwitz bereits 1803 von der Dreifelder- zur Fruchtfolgewirtschaft über und baute Kartoffeln, Raps sowie Klee an. Der Anbau von Futterpflanzen und die damit verbundene Stallfütterung ermöglichten wiederum eine verstärkte Viehwirtschaft. Somit konnte er einer landwirt-

10. *Schloss Friedersdorf, Wohnzimmer, um 1925*

schaftlichen Entwicklung folgen, die auf verstärkte Schafzucht setzte und auf den relativ hohen Wollpreis reagierte. Infolgedessen reduzierte Friedrich August Ludwig v. d. Marwitz den übrigen Viehbestand. 1802 standen noch 146 Rinder und 70 Kälber in den herrschaftlichen Ställen, dreißig Jahre später waren es nur noch 30 Kühe und 8 Jungtiere. Da Wolle damals einen guten Gewinn versprach, widmete der Gutsherr der Schafzucht einen großen Teil seiner Aufmerksamkeit und wies eine bis fünfmalige Fütterung pro Tag an. Die Anzahl der Schafe stieg 1822 auf 2000. Eine angestrebte Verdopplung wurde nie erreicht, weil die Wollpreise erheblich fielen. Mit dem Tabakanbau und dem Kartoffelschnapsbren-

11. Kaminzimmer im Schloss, um 1925

12. Schloss Friedersdorf, Speisesaal mit Ahnenbildern, um 1925

13. Schlossbibliothek, um 1925

nen reagierte v. d. Marwitz vor allem auf den wachsenden Berliner
Markt. Auch in den bäuerlichen Wirtschaften traten Veränderungen ein.
Aus manchen Wiesen wurde Ackerland und die Anzahl der gehalte-
nen Schweine stieg bis 1834 auf 120 Stück, das war die doppelte Anzahl im Vergleich zur Gutswirtschaft.

Diese umfangreichen Veränderungen, die nicht nur in Friedersdorf ein-
setzten, waren mit den alten feudalen Auffassungen, wie bäuerliche
Dienstverpflichtungen und das gemeinsame Hüterecht, unvereinbar.
Deshalb definierte v. d. Marwitz die bäuerlichen Pflichten sowie die
Stellung der Dorfgemeinschaft neu. 1809 löste er nach längeren indivi-
duellen Gesprächen mit den Bauern das gemeinschaftliche Hüterecht
durch Landabgabe ab.

Trotz der eingeräumten und bereits beschriebenen „persönlichen und
wirtschaftlichen Freiheiten" der Bauern unternahm der Gutsherr alles,
um die Bewohner auch mittels Religion weiterhin eng an sich zu binden. Auch die bereits 1801 eingeleitete „Schulreform" knüpfte an die
religiöse Erziehung der Heranwachsenden an. Nach den Marwitz'-
schen Vorstellungen[14] sollten alle Kinder zum freien Schulbesuch verpflichtet werden, weil damals nur ein Drittel des dörflichen Nach-
wuchses regelmäßig die Schule besuchte. Vielfältig versuchte er den
Unterricht zu reglementieren, dies führte mehrfach zu Auseinandersetzungen mit Pfarrer und Schullehrer, da sie sich in ihren Befugnissen
beschnitten fühlten. Die Marwitz'schen Ziele die gesamte Dorfbevölkerung, auch die freien Bauern, an seine Familie zu binden, bedurften
nicht nur einer längeren Zeit und der Überwindung mancher Wider-
stände, sondern brachten auch das Einstecken von Rückschlägen mit
sich. Noch Jahre später beklagte sich der Junker, dass beim Löschen des
brennenden Wirtschaftsgebäudes nur drei Dörfler selbstständig und aktiv halfen. Treue Untergebene förderte er häufig beruflich. So im Jahre
1817, als der, mit einem Eisernen Kreuz dekorierte Unteroffizier Kietzer den Militärdienst beendete. Der General v. d. Marwitz ließ den Kos-
sätensohn vom Ochsenjungen zum Pferdeknecht „emporsteigen" und
ernannte ihn später sogar zu seinem Gutsverwalter.

Friedrich August Ludwig v. d. Marwitz übte selbstverständlich auch
das Patronat aus. Von seinen Untertanen verlangte er den regelmäßi-
gen Kirchgang. Selbst religiös gebunden, lehnte er allzu strenge Fröm-
migkeit ab. Die „Marwitz' Religiosität blieb durch aufklärerische

Grundzüge und ständische Distanzierung geprägt."[15] Wie seine Vorfahren zahlte auch er jährlich je 24 Taler an den Lehrer und Küster. Mit den weiteren Zuwendungen durch die Gemeinde und Kirchenkasse sowie gewährten Sachleistungen, z. B. freie Wohnung sowie Lieferung von Eiern, Holz und Getreide, betrug ihr Jahresgehalt im Jahre 1858 etwa 193 Taler, ein für die damalige Zeit spärliches Gehalt. Aus Kostengründen gab es viele Jahrzehnte keinen eigenen Dorfpfarrer. Der Dolgeliner bzw. Tuchebander Seelsorger betreute daher die Gemeinde mit. Die Friedersdorfer Kirche, die 6 Morgen Ackerland besaß, nahm jährlich ca. 30 Taler ein, die natürlich die laufenden Ausgaben nicht deckten. Auch hier half der Patron aus.

Obwohl Friedrich August Ludwig v. d. Marwitz bei Antritt der Standesherrschaft die Erträge durch weit reichende Reformpläne steigern wollte, galt sein Bestreben im letzten Lebensjahrzehnt vor allem der Besitzerhaltung. Gründe dafür gab es unterschiedliche: Da waren vor allem die landwirtschaftlichen Probleme in Preußen, die vielen Jahre der Abwesenheit und die permanenten Finanzprobleme. Zwar nahm das Rittergut mit einem geschätzten Wert von 100 000 Talern im Lebuser Kreis die elfte Stelle ein, aber durch komplizierte Erbgänge und die schlechte Wirtschaftsführung seiner Vorfahren wies es 1794 eine Schuldenlast von stattlichen 90 084 Talern auf. Der verbleibende Teil von etwa 10 000 Talern wurde auf ihn und seine Geschwister aufgeteilt. Den nahen wirtschaftlichen Ruin konnte nur ein mütterlicher Privatkredit verhindern. Obwohl verschiedene Erbschaften die Schulden auf 80 230 Taler senkten, verschlangen die jährlichen 3600 Talern Zinsen einen beachtlichen Teil der Jahreseinnahmen von durchschnittlich 5400 Talern. An diesem existenzbedrohenden Verhältnis trug v. d. Marwitz zeitlebens und ließ ihn zu dem Entschluss kommen, nach den Befreiungskriegen nicht den Abschied zu nehmen, weil die 2600 Taler „Tractaments", die er seit 1814 erhielt, eine unverzichtbare Einnahmequelle darstellten. Oftmals verzweifelte Friedrich August Ludwig v. d. Marwitz und sah das Ende des alten Familienbesitzes voraus. Völlig überraschend schätzte die ritterliche Hypothekendirektion das Friedersdorfer Gut auf einen Wert von 133 600 Talern und gewährte deshalb Pfandbriefe bzw. Bürgschaften im Wert von 65 000 Talern. Durch diesen „Buchungstrick" waren im Prinzip seine Schulden getilgt. Weil der Gutsherr während seiner Frankfurter Dienstzeit nur in den Sommermonaten auf seinem Gut weilte, führte ein

Inspektor relativ selbstständig die Wirtschaft sowie ein Rechnungsführer die Finanzen, letzterer übte weiterhin die Polizeigewalt aus. Da beide kontinuierlich über Sachfragen berichten mussten, konnte der Standesherr im Bedarfsfall schnell eingreifen. Der General und seine Familie bewohnten in Frankfurt/O. ein „standesgemäßes" Quartier.

Auch 1827 zog sich der Pensionär nicht auf das Gut zurück. Drei Jahre zuvor begann Friedrich August Ludwig v. d. Marwitz eine weitere politische Karriere. Der König ernannte ihn zum Staatsrat und zum Marschall des brandenburgischen Provinziallandtages. In diesen Funktionen fand er viele politisch Gleichgesinnte, die gemeinsam die eingeleiteten Reformen stoppen wollten. Aus gesundheitlichen Gründen musste v. d. Marwitz 1833 die Ämter niederlegen, diesmal aber für immer. Sein erstes politisches Engagement resultierte aus der Zeit vor den Befreiungskriegen. Bereits 1804 übernahm der Friedersdorfer, nach dem Tod seines Gusower Gutsnachbarn und Verwandten, Otto Christoph Graf v. Podewils, dessen Amt als Deputierter der Ritterschaft im Deichverband. Mehrfach versuchte er seine Vorstellungen über die Erneuerung ständischer Institutionen über die Kreisgrenzen hinaus zu verwirklichen. Seine kompromisslosen Bemühungen wuchsen besonders nach dem Bekanntwerden des hardenbergischen Oktoberediktes vom 09.10.1807. Die stein-hardenbergischen Reformen riefen den Widerstand der altkonservativen Landadligen hervor, weil diese um die jahrhundertelangen Privilegien bangten und in den Reformern Verräter sahen, die „den Krieg der Besitzlosen gegen das Eigentum und ... gegen die von Gott eingeführte Ordnung" entfachten. Im Lebuser Kreis wurden Friedrich August Ludwig v. d. Marwitz, Deputierter der Lebuser Ritterschaft (Landadel) im Landtag der kurmärkischen Stände, sowie Friedrich Ludwig Carl Graf v. Finkenstein auf Alt Madlitz zu den Wortführern ernannt und beauftragt, mit Graf v. Hardenberg eine politische Diskussion zu führen. Friedrich Wilhelm III. brach, nach heftigem Drängen Hardenbergs, den Widerstand, indem er beide 1811 auf der Spandauer Festung internierte.

In seinem letzten Lebensabschnitt ließ v. d. Marwitz seinen Familiensitz durch Karl Friedrich Schinkel überformen, wofür er erneut Schulden aufnahm. Der große preußische Baumeister schuf eine neogotische Fassade und veränderte das Innere. In der neu entstandenen Bibliothek schrieb der preußische General seine aufschlussreichen Memoiren

14. Schloss Friedersdorf, nach Entwürfen von K. F. Schinkel, ca. 1825

„Nachrichten aus meinem Leben". Als er 1837 starb, war sein einziger noch lebender Sohn Bernhard erst 13 Jahre alt. Deshalb übernahmen zwei Vormünder, sein Schwager v. Arnstedt[16] und der Graf v. Senfft-Pils-nak, die Aufsicht über das Gut. Es scheint, dass seine Mutter mit den Erziehungsmethoden ihres Schwiegersohnes nicht einverstanden war, denn sie enthob ihn von seinen vormundschaftlichen Pflichten. Anfang 1848 schied Bernhard v. d. Marwitz (1824 - 1880) aus dem Militärdienst aus, um den Familienbesitz zu bewirtschaften. In diesem Jahr brechen auch im Frankfurter Regierungsbezirk soziale Konflikte zwischen Bauern und Grundherren aus. In der Friedersdorfer Kirchenchronik ist Folgendes festgehalten: „An dem Empörungsgelüste nahm Friedersdorf nicht Anteil, obwohl das benachbarte Seelow in den Händen der Demokratie war. Es hat wohl hier und da besonders in jugendlichen Köpfen gesteckt, aber es ward ein kräftiger entgegengesetzt. Der Baron von Senfft fand hier eine begeisterte Aufnahme und stiftete einen ... Verein für König und Vaterland. Für hiesige Gemeinde dient somit das Jahr der Schmach mehr zur Kräftigung des Guten, dass weiß Gott allein, wie manche Pflanze in dieser dürren Zeit der Gemeinde verkommen ist."[17] Auch

15. Bernhard v. d. Marwitz, (1824 -1880) Landrat des Kreises Lebus

wenn diese Einschätzung vieles „schön-redet" wird deutlich, dass es auch in Friedersdorf soziale Konflikte gab. Bereits nach dem Tod von Friedrich August Ludwig v. d. Marwitz fielen die letzten patriarchalen Herrschaftsansprüche. Seit 1838 versuchten Friedersdorfer in einem „Mäßigkeitsverein", sich den gutsherrschaftlichen Kontrollen und Bevormundungen zu entziehen. Mit sichtlichem „Erfolg", denn der 1845 eingesetzte Hilfsprediger Dressel bemerkte, dass seit dem Tod des gestrengen alten Marwitz „das Leben sehr verwildert, namentlich in Bezug auf das 6te Gebot, Hurerei und Branntwein" vorherrschten. Im Weiteren beklagte er, dass die Tagelöhner kaum an Gottesdiensten oder Abendmahlen teilnahmen, weil sie angeblich zu müde sind. Ebenso „himmelschreiend die Schnitterwirtschaft. Da liegen auf engem Boden 40 Männer und Weiber beisammen, Eheleute und Ledige. Des Alltags arbeiten sie vom ersten Morgenstrahl bis spät abends. Des Sonntags besorgen sie ihre kleinen Geschäfte."[18] Ein 1845 gegründeter „Enthaltsamkeitsverein" wollte deshalb die „kirchliche Zucht" wiederherstellen. Da Bernhard v. d. Marwitz die Wirtschaft „im Bedarfsfall auch derb und deutlich" führte, mussten die Friedersdorfer häufig harte Behandlungen ertragen. Auch ihn drängte es in die Politik. Im Jahre 1863 wurde er Landrat und betrieb maßgeblich die Übersiedlung des Amtes von Frankfurt nach Seelow. In dieser Zeit durchlebten Landwirtschaft, Technik sowie Verkehrswesen viele Neuerungen, die auch an Friedersdorf nicht vorbeigingen. Das größte damalige Investitionsprojekt Eisenbahn behinderten häufig adlige Gutsherren durch hohe finanzielle Forderungen für zur Verfügung gestellte Grundstücke. Auch Bernhard hatte anfänglich große Bedenken und führte bis in die achtziger Jahre mit der Berlin-Stettiner-Eisenbahngesellschaft wegen Entschädigungen und Wiedergutmachung des überlassenen Bodens mehrere Auseinandersetzungen. Sein Sohn, Kaspar Heinrich (1865 - 1945), ebenfalls Lebuser Landrat, unterstützte dagegen Ende des 19. Jahrhunderts den Bau der Oderbruchbahn, von der er sich für die landwirtschaftlichen Unternehmen viel versprach. 1872 hatte Friedersdorf 450 Einwohner. In den 73 Familien lebten 90 schulpflichtige Kinder. Somit betreute der Lehrer mehr schulpflichtige Kinder als in den anderen Dörfern des Regierungsbezirkes. Obwohl mit dem Gemeinde- und dem Gutsbezirk eine streng zweigeteilte Dorfstruktur bestand, bildete das Gut weiterhin das Zentrum, denn die Herrschaft bewirtschaftete mit 650 ha eine 50-mal größere Fläche als eine bäuerliche Familie.

Als Bernhard 1880 starb, hinterließ er 17 Kinder und viele Probleme. Das Gut sowie seine Familie gerieten in „schwere materielle Bedrängnisse". Die Witwe, Marie Charlotte Luise geb. Gräfin Itzenplitz, setzte ab 1882 das Werk ihrer Schwägerin fort. Stiftsfräulein Sophie hatte 1866 im Lebuser Kreis einen „Vaterländischen Frauenverein" gegründet, an dessen Spitze bis 1914 immer Marwitz'sche Frauen standen. Der Verein widmete sich der Kranken- und Altenpflege von Bedürftigen und schuf mit der tatkräftigen Unterstützung vieler Menschen bis zum Ausbruch des 1. Weltkrieges insgesamt 21 Pflegestationen mit 153 Betten.

Der älteste Sohn Bernhards, Gebhard (1850 - 1899), hinterließ keine Kinder und dessen Bruder Albert (1851 - 1890) starb bereits sechs Monate nach Übernahme der Gutsherrschaft. Bis zur Mündigkeit des nachfolgenden Gutsherrn, Bernhard v. d. Marwitz (1890 - 1918), verwaltete Generaldirektor Caspar Heinrich v. d. Marwitz den Besitz. Bernhard starb nach einer schweren Verwundung am 08.09.1918 unverheiratet und kinderlos. So übernahm sein Neffe, Bodo Gottfried (1893 - 1982), als letzter Gutsherr den Friedersdorfer Besitz. In den ersten Jahren konzentrierte er sein ganzes Bemühen darauf den Familienbesitz über Inflation und Weltwirtschaftskrise zu retten. Ausstehende Löhne konnte er 1923 wegen des drastischen Geldverfalls nur in „Roggen und anderen Naturalien" zahlen.

16. Bernhard v. d. Marwitz (1890 - 1918)

Die auf ca. 200 Morgen angebauten Zuckerrüben wurden stets in der Sachsendorfer Zuckerfabrik verarbeitet, in der Bodo v. d. Marwitz ab April 1922 mit einer Stammeinlage von 6000 Mark Gesellschafter, später Mitglied des Aufsichtsrates und ab 1940 mit einer Einlage von 40 000 RM Kommanditist wurde. Kurz vor dem Krieg lieferte das Gut 38 500 Zentner Zuckerrüben ab. Die Aufstellung „Durchschnitts-Ergebnisse der Ernte 1938/39" gibt Aufschlüsse über angebaute Pflanzen sowie die erzielten Erträge in Zentner/Morgen[19]: Weizen (17,86), Gerste (18,25), Roggen (10,09), Hafer (14,98), Gemenge (14,01), Mais (28,37), Zuckerrüben (165,31) und Kartoffeln (121,80). Der Rittergutsbesitzer investierte eine beachtliche Summe in sein landwirtschaftliches Unternehmen: So entstand 1922 ein für die damalige Zeit moderner Speicher, der bis 1991 seine Zweckbestimmung erfüllte und heute als ein Zentrum[20] für Kunst, Kultur und Wissensvermittlung dient. Sechs Jahre später nahm eine Beregnungsanlage auf den Gutsfeldern die Arbeit auf. Als Patron veranlasste er, nach umfassender Konsultation mit dem Landeskonservator, eine umfassende Sanierung der Kirche, die von 1937 - 1942 insgesamt 33 223,12 RM kostete. Bodo v. d. Marwitz übernahm als Ordenswerkmeister die Verantwortung für die Johanniter-Schwesternschaft und deren Zusammenarbeit mit den Diakoniehäusern. Angesichts der bedrohlich nahen Front brachte Bodo v. d. Marwitz nicht nur seine Familie, sondern auch das Gutsarchiv in Sicherheit. Erst am 16. April 1945, nachdem die Angriffsoperation der 1. Belorussischen Front begann, verließ er Friedersdorf für immer. Damit endete eine 263-jährige Familientradition. Acht Jahre nach seinem Tod wagte einer seiner Enkel genau dort einen Neuanfang, wo einst die Vorfahren lebten und wirkten. Dorothee und Georg v. d. Marwitz kamen nicht um die „guten alten Zeiten" wiederherzustellen, sondern um einen landwirtschaftlichen Betrieb von etwa 800 ha aufzubauen.

Anmerkungen

1 Heuss, Theodor: Dank und Bekenntnis – Gedenkrede zum 20. Juli 1944. Gehalten bei der Gedenkfeier der Bundesregierung und des Senats der Stadt Berlin am 19. Juli 1954. Erschienen: Wunderlichverlag Tübingen, 1954.

2 Ein für die damalige Zeit typischer Besitzstand.

3 Damals maß man den Ertrag nicht in Erntemenge/Fläche, sondern an der Ergiebigkeit der Aussaat: Jedes 4. Korn bedeutete, dass auf 1 kg Saatgut 4 kg Ertrag kam. Damit dürfte man damals weniger als 8 dz/ha geerntet haben.

4 Er hat es wahrscheinlich nicht durch Kauf erworben, sondern von den Gläubigern auf 60 Jahre mit der Option des Pfuelschen Rückkaufs erhalten.

5 Diest, Walter: Geschichte der Familie von der Marwitz. Seite 77.

6 Marwitz, Friedrich August Ludwig v. d.: Nachrichten aus meinem Leben. Zitiert nach Bruyn u. a. Märkischer Dichtergarten. Berlin 1989. Seite 7.

7 Marwitz, Friedrich August Ludwig v. d.: Nachrichten aus meinem Leben. Zitiert nach Bruyn u. a. Märkischer Dichtergarten. Berlin 1989. Seite 8.

8 Die Hälfte des Besitzes musste er auf Veranlassung des Königs für 22 000 Taler verkaufen. Dafür durfte die Familie die dortige Fähre unentgeltlich nutzen.

9 Fontane, Theodor: Wanderungen durch die Mark Brandenburg. Zweiter Teil. Aufbau Verlag. Berlin 1991. Seite 223.

10 Alexander ist 1814 als Adjutant des Generals v. Pirch II. bei Montmirail gefallen. Eberhard starb als österreichischer Leutnant 1809 an den bei Aspern erhaltenen Verwundungen.

11 Marwitz, Friedrich August Ludwig v. d.: Nachrichten aus meinem Leben. Mittler und Sohn. Berlin 1908. Seite 576.

12 Marwitz, Friedrich August Ludwig v. d.: Nachrichten aus meinem Leben. Herausgegeben von Günter de Bruyn. Seite 128.

13 Frie, Ewald: Friedrich August Ludwig v. d. Marwitz. Biographie eines Preußen. Schöningh Verlag. 2001. Seite 138.

14 Friedrich August Ludwig v. d. Marwitz hatte 1804 eine „Instruction für den Schulmeister" erlassen. Pro Woche sollten die Kinder 30 Stunden die Schule besuchen. Der Schulmeister musste eine Liste über alle Dorfkinder ab fünftem Lebensjahr bis zur Konfirmation aufstellen und jeden Sonnabend dem Amtmann die Fehlstunden melden. Eine Woche unentschuldigt der Schule fernbleiben kostete 8 Pfennig Schulgeld.

15 Frie, Ewald: Friedrich August Ludwig v. d. Marwitz. Biographie eines Preußen. Schöningh Verlag 2001. Seite 95.

16 Seit 1824 mit der Tochter, Karoline Franziska (1804 - 1883), aus der Ehe Friedrich August Ludwig v. d. Marwitz' mit „Fanny", verheiratet. Albert v. Arnstedt (1794 - 1875) war Erbherr auf Groß Kreutz.

17 Zitiert aus einer nicht autorisierten Abschrift des Friedersdorfer Kirchenarchivs.

18 Auszüge aus dem Kirchenbuch. Seite 227.

19 1 ha = 3,165 Morgen

20 Ich danke dem Förderverein Kunstspeicher Friedersdorf für die zur Verfügung gestellten Dokumente und Informationen.

Literatur

Frie, Ewald: Friedrich August Ludwig von der Marwitz. Biographie eines Preußen. Schöningh 2001.

Meusel, Friedrich: Friedrich August Ludwig v. d. Marwitz. Ein märkischer Edelmann im Zeitalter der Befreiungskriege. Mittler und Sohn. Berlin 1908.

Diest, Walther v.: Geschichte der Familie von der Marwitz. Kolberg 1929.

Ulrich Pfeil

SONNENBURG
Vom Rittersitz zum Gutsbetrieb

Einige Kilometer südlich Bad Freienwaldes liegt unweit des malerischen Baasees ein ehemaliger Gutsbetrieb in den Barnimhügeln: *Sonnenburg*, ein Örtchen, das für den Wanderer auf vielen Wegen, für den Motorisierten von der B 167 über das nicht allzu weit entfernte Altranft zu erreichen ist.

Sonnenburg wird 1375 im Landbuch Kaiser Karls IV. erstmals als *Sunnenberch*, *Sunnenburg* oder auch *Sunnenborg* erwähnt und als *tota deserta*, völlig wüst, beschrieben.[1] Sonnenburg könnte demnach im Zuge der deutschen Ostkolonisation des 13. Jh.s entstanden und dann dem Wüstungsprozess zum Opfer gefallen sein, wähend dessen aus den verschiedensten Gründen auch auf dem Barnim bis gegen Ende des 14. Jh.s eine ganze Reihe von dörflichen Ansiedlungen untergingen.[2] Obwohl das Landbuch ihn nicht als solchen erwähnt, gilt Sonnenburg in der Überlieferung auch als ältester mittelmärkischer Wohnsitz des Adelsgeschlechtes der *Uchtenhagen*. Diese im 14. und 15. Jh. nicht unbedeutende Familie entstammte einem altmärkischen Ministerialengeschlecht, ansässig in dem Dorf Uchtenhagen östlich Osterburgs. Offenbar zog es im 13. Jh. Mitglieder dieser Familie nach Nordosten. 1243 findet sich ein Gerhard von Uchtenhagen unter den Vasallen Herzog Barnims I. von Pommern.[3] Möglicherweise gehörte er zu jenen deutschen Adligen, Bauern und Handwerkern, die beim Landesausbau Pommerns eine nicht unbedeutende Rolle spielten. 1316 verlieh der brandenburgische Markgraf Johann V. Burg, Stadt und Land Meseritz an der Grenze zu Polen gegen die damals bedeutende Summe von 2000 Mark brandenburgischen Silbers an Arnold von Uchtenhagen.[4] Bereits 1319 verloren die Uchtenhagen Meseritz unter merkwürdigen Umständen.[5] Noch im gleichen Jahr urkundet Johann von Uchtenhagen in dem neumärkischen *Sonnenburg* unweit Küstrins.[6] Ob die Uchtenhagen zu diesem Zeitpunkt schon Besitzer dieses Burgortes waren, lässt sich mit Bestimmtheit nicht sagen. Dass Johann von Uchtenhagen hier urkundete, könnte aber durchaus darauf hindeuten, dass die Uchtenhagen Sonnenburg schon bald nach dem Verlust von Meseritz erhalten haben, auch wenn ihnen erst 1341 das Recht zum Neubau einer Befestigung hier eingeräumt wurde.[7] 1354 jedoch erging an sie eine markgräfliche Aufforderung, Sonnenburg dem Bischof von Lebus zu überlassen. Sie kamen dieser Aufforderung nicht nach, sondern sollen sich dort noch bis in die Zeit zwischen 1367 und 1373 behauptet haben.[8]

Inzwischen aber hatten sie nicht nur das Gebiet der heutigen „Insel Neuenhagen" an sich bringen können (wohl um 1350), sondern längst auch ihre Hand nach der Mittelmark ausgestreckt und Besitz hier erworben, darunter möglicherweise auch die Wüstung Sonnenburg bei Freienwalde an der Oder, sind sie doch auch Lehnsherren der beiden Rittersitze des benachbarten Haselbergs und Inhaber des dortigen Straßenzolls. Das Landbuch allerdings weist sie nur als Besitzer der Stadt Freienwalde und des Dorfes Sternebeck aus sowie als Inhaber feudaler Rechte in Sydow.[9] Vermutlich war Freienwalde den Uchtenhagen noch 1373 von Markgraf Otto dem Faulen verliehen worden, vielleicht als Ersatz für das neumärkische Sonnenburg. Vom Recht auf die Errichtung einer Burg, wie noch im neumärkischen Sonnenburg, ist jedoch in keiner Lehnsbestätigung seit 1413 mehr die Rede;[10] und auch der Uchtenhagensitz im Areal der Wüstung Sonnenburg bei Freienwalde wird nie eine Burg im eigentlichen Sinne gewesen sein, sondern ein leicht befestigter ritterlicher Wohnhof mit unmittelbar benachbartem Wirtschaftshof, eine Anlage, die von den Uchtenhagen, vielleicht Nostalgie und Trotz mischend, nach ihrem verloren gegangenen Besitz in der Neumark genannt worden sein könnte, während der ursprüngliche Name der Wüstung verschwand. Ohnehin stand das Recht des Burgenbaus dem Landesherrn zu, auch wenn es im anarchischen 14. Jh. nicht allzu gut um die landesherrlichen Rechte bestellt gewesen sein mag. Doch hätten Mauern, Wall und Graben einer regelrechten Befestigung zweifellos Spuren hinterlassen, zumal bei einer bis ins 17. Jh. „intakten Burg", wie entsprechende Behauptungen Rudolf Schmidts,[11] die bis heute kolportiert werden.[12]

Die Uchtenhagen, die laut Fontane „mild, helfend, fürsorglich" ihr kleines Reich verwalteten und selbst „fromm, sittig, ehrbar" gelebt haben sollen,[13] waren so mild und sittig nicht. So war Sonnenburg einer der Schauplätze, der beiden tödlichen Auseinandersetzungen innerhalb der Familie: 1578, bei der Hochzeit einer der fünf Töchter Caspars (II.)

von Uchtenhagen († 1557) soll dessen zweitjüngster Sohn Werner mit
dem Bräutigam aneinander geraten sein. Beide Herren zogen blank
und ein Gefecht auf Leben und Tod begann: Werner von Uchtenhagen
tötete seinen Widersacher, starb aber einige Zeit nach dem Kampf
selbst an den erhaltenen Verletzungen. Erst zwei Jahre zuvor hatte Werner auf der Sonnenburg Hochzeit mit Emerentia von Schöning gehalten, wie das seit 1945 verlorene Ranfter Kirchenbuch einst zu berichten wusste. Der erwähnte, wenn auch nicht belegbare, Kampf könnte
sich tatsächlich abgespielt haben und Hinweis darauf sein, wie lieb den
Uchtenhagen ihre „Sonnenburg" gewesen sein muss, sie hätten sonst
wohl kaum Hochzeiten dort gefeiert, besaßen sie in ihrem Freienwalder Stadthaus und dem Festen Haus Neuenhagen doch zwei stattliche Wohnsitze. Aber noch Hans (IV.) von Uchtenhagen (1554 - 1618),
Werners jüngerer Bruder, hielt sich bis 1600 vornehmlich *auf der Sonnenburgk*[14] auf, da der Freienwalder *Herrenhof*[15] zuerst seiner Mutter,
dann seinen Schwestern Catharina († 1599) und Elisabeth († 1600) als
Leibgedinge zur Verfügung stand. 1594 focht Hans von Sonnenburg einen seiner mehrfachen Rechtshändel mit Wriezen aus, und 1599 erging
von hier ein Befehl an seine Afterlehnsleute, sich zur Heerschau zu begeben.[16] Hier klingt die einstige Bedeutung der Uchtenhagen nach, die
ja auch noch in den entsprechenden Verzeichnissen von 1577 und 1612
wegen des Besitzes der Stadt Freienwalde zum *schloßgesessenen Adel* ge-
zählt werden.[17]
Doch zeigt der Befehl auch, wie der Freienwalder Feudalherr seine
Vasallenpflicht auf andere abzuwälzen suchte. Hans (IV.) starb am
21. März 1618. Mit ihm erlosch das Haus Uchtenhagen und Sonnenburg
war nunmehr Teil des kurfürstlichen Amtes Freienwalde. Einschneidende Veränderungen im Betrieb des Wirtschaftshofes dürfte es in den
ersten Jahrzehnten kaum gegeben haben, denn die Ämter Freienwalde
und Neuenhagen waren bis 1660 den Kurfürstinnen zugewiesen, denen die Einkünfte beider Ämter als „Nadelgeld" zustanden.[18]
1543 wird Sonnenburg *ein Vorwerk* genannt.[19] Damit ist Rudolf Schmidts
Behauptung, Sonnenburg wäre erst **nach** dem Aussterben der Uchtenhagen ein Vorwerk geworden,[20] ad acta zu legen.
Erhaltene kirchliche Dokumente des letzten Viertels des 16. Jh.s und
aus dem Verlauf des 17. Jh.s sprechen nach altem Herkommen von *der
Sonnenburgk* (siehe Anm. 14) und charakterisieren das Vorwerk als ei-

nen Meyerhof, einen von einem Meyer geleiteten landwirtschaftlichen Betrieb. In diesem Falle eine Eigenwirtschaft der Freienwalde und Neuenhagen (bis 1604) beherrschenden Uchtenhagen, die in *Torgelow*, wie Sonnenburg eine ehemalige Wüstung, noch einen zweiten Betrieb dieser Art bei Freienwalde besaßen. Torgelow hatte jedoch nicht die Bedeutung Sonnenburgs, da Sonnenburg bis zum Aussterben der Uchtenhagen einer der beiden herrschaftlichen Wohnsitze diesseits der Oder war. Erst mit der gemeinsamen Vergabe beider Vorwerke in Zeitpacht (ab 1660) erhielt Torgelow als Sitz wohl der meisten der Amtspächter den Vorzug. Zu diesen zählte von 1745 - 1751 auch das Große Potsdamer Waisenhaus.

Ein Meyerhof, benannt nach dem den Betrieb, insbesondere den Ackerbau, leitenden *Meyer*, beschäftigte im 16./17. Jh. relativ viele Menschen. Das in Sachen Sonnenburg und Torgelow hilfreiche älteste erhaltene Kirchenbuch Freienwaldes, das Totenregister von 1598 - 1638, nennt allein für Sonnenburg mehrere in dieser Zeit verstorbene Meyer, ebenso mehrere Schäfer, Schäferknechte – einer davon verstarb im Gefängnis – und Lehrjungen, einen Wildenhirten, eine Viehemutter, einen Ochsenjungen, Mägde und Knechte. Das Vorwerk besaß also neben dem Ackerbaubetrieb in Dreifelder-Wirtschaft noch eine Schäferei. Der Schäfer arbeitete selbstständig, wahrscheinlich als Gemengeschäfer, dem 20 – 25% der Schafherde gehörte, während 75 – 80% im Besitz der Herrschaft waren. Die Schafhaltung dürfte mit ihren Produkten Wolle, Schafmilch und Butter, Schafkäse, Schaf-, Hammel- u. Lammfleisch einer der wichtigsten Zweige der adligen Eigenwirtschaft gewesen sein, und so verwundert es nicht, dass sich kein Hinweis auf Schafhaltung bei den Freienwalder Bürgern findet. Dazu passt, dass das Amt im Rezess von 1634, der u. a. eine Verschärfung der Uchtenhagen'schen Polizeiordnung von 1604 darstellte, den Bürgern auch die private Ziegenhaltung verbot.

Neben Schafen hielt man in Sonnenburg auch Rindvieh. Das geht aus dem Vorhandensein einer *Viehemutter* hervor[21]. Sie war die Großmagd, das weibliche Pendant des Meyers, verantwortlich für die Kühe und die Kälberaufzucht und wohl auch für die Käsebereitung. Für ihren gewiss ausgefüllten Arbeitstag erhielt sie nur etwa die Hälfte des Lohnes, den der Meyer einstecken durfte, ihr Naturallohn bestand weniger aus Lebensmitteln als vielmehr aus ellenweise Leinwand, Schuhen und Pantoffeln.

Von besonderem Interesse aber ist die Anwesenheit eines *Wildenhirten*.[22] Dieser Mann war verantwortlich für die jungen, noch wilden Pferde. Sein Vorhandensein könnte bedeuten, dass Hans von Uchtenhagen in Sonnenburg Pferdezucht betrieb oder wenigstens junge Pferde aufkaufte und sie von seinem Wildenhirten zu Reit- und Wagenpferden abrichten ließ, um sie mit Gewinn weiterzuverkaufen. Der Zureiter muss ein angesehener Mann gewesen sein, denn er wurde 1607 auf dem Freienwalder Nikolaifriedhof beerdigt, wo die Grabstelle einen Taler kostete und nur mit Erlaubnis der Herrschaft bestattet werden durfte. Nach seinem Tod scheint kein neuer Wildenhirt mehr angenommen worden zu sein.

Roggen, Gerste, Buchweizen, Hirse und Erbsen waren die wichtigsten Feldfrüchte des 16./17. Jh.s in hiesigen Gegenden, wobei die Gerste vor allem zum Bierbrauen diente: Dünnbier war das übliche Getränk für alle Tage. Roggen, Buchweizen und Erbsen die Feldfrüchte, aus denen die wichtigsten pflanzlichen Nahrungsmittel gewonnen wurden.

Der Ackerbau in Sonnenburg, Torgelow und den neumärkischen Landwirtschaftsbetrieben der Uchtenhagen, bzw. der ihnen nachfolgenden kurfürstlichen Ämter, dürfte zu einem nicht unerheblichen Teil dazu gedient haben, die beträchtlichen Naturalleistungen zu erwirtschaften, die als Teil des Lohnes an die von der Herrschaft beschäftigten Menschen ausbezahlt wurden. Je tiefer jemand in der Hierarchie stand, desto höher sein Naturallohnanteil. Nur die hohen Beamten der Herrschaft wie z. B. der Zöllner im Fährzoll erhielten neben ihrem Naturallohn einen relativ hohen Geldbetrag. In der herrschaftlichen Landwirtschaft bekamen nur die mit hoher Eigenverantwortlichkeit arbeitenden Spezialisten, wie die Meyer oder die Weinmeister vergleichbare Barbeträge von bis zu 40 Talern jährlich.[23]

Die Erwähnung eines *Ochsenjungen*[24] in Sonnenburg weist darauf hin, dass zumindest das Amt hier eigenes Zugvieh hielt. Zugviehhaltung war für die Herrschaft keineswegs selbstverständlich, bediente sie sich doch nur zu gern der Pferde, Wagen und Zugochsen ihrer Untertanen, um, modern ausgedrückt, kostengünstig davonzukommen. Der Ochsenjunge war für das Zugvieh verantwortlich und hatte Kost und Logis oft genug beim Meyer, der ihn denn auch zu jedweder Arbeit heranziehen konnte.

Etwas abseits vom Vorwerk befand sich die Wohnung des Schützen, an deren Stelle heute die Revierförsterei Sonnenburg steht. Wie die meisten großen und kleinen Feudalherren waren auch die Uchtenhagen passionierte Jäger, wobei ihnen sowohl die hohe als die niedere Jagd zustand. Sicher war es Aufgabe des Schützen, die Herrschaft auf ihren Jagdzügen zu begleiten. Wichtiger aber war er für die herrschaftliche Forstnutzung, denn es gehörte zu den Aufgaben des Schützen, den Holzeinschlag in der Sonnenburger Heide, dem zum Vorwerk gehörenden Waldgebiet, zu überwachen und beim Verkauf des Holzes mitzuwirken, wie noch 1679, als die Stadt Wriezen „dem Schützen auf der Sonnenburg" für 21 Stück Fichtenholz 13 Taler und 19 Groschen bezahlte.[25] Dabei galt es, einem allzu starken Holzeinschlag entgegenzusteuern, wie ihn die stets leeren Kassen des Hans von Uchtenhagen herausforderten, was der arg gebeutelte Wald jedoch nicht mehr vertrug. Noch 1704 ist nach dem Amtserbregister ein Schütze tätig und bestimmt auch bei den damals in Sonnenburg veranstalteten jährlichen Holzmärkten in Erscheinung getreten.[26]

Legt man die im Totenregister genannten Berufe zugrunde, wird der Meyerhof Sonnenburg aus dem *Haus des Meyers*, das als einziges Vorwerksgebäude im Register erwähnt wird,[27] der möglicherweise vom Wirtschaftshof separierten herrschaftlichen Wohnung, aus Ställen, Scheunen, Brauhaus und Käsedarre bestanden haben, das abseits gelegene alte Schützenhaus nicht zu vergessen. Erst das Amtserbregister von 1704 listet, 86 Jahre nach dem Tod des letzten Uchtenhagen, die Gebäude Sonnenburgs auf:

„1. Das Wohnhaus mit dem Viehstall ist von 15 Gebinden, ist an Schwellen und Giebel noch gut.

2. Das Kornbodenhaus ist von 11 Gebinden.

3. Die Schmiede, worin der Hirte wohnt.

4. Die große Scheune ist von 18 Gebinden.

5. Die Rockenscheune besteht in 25 Gebinden, daran ein Ochsenstall.

6. Das Stölpen, mitten aufm Hof, von 5 Gebinden.

7. Das Schäferhaus ist von 7 Gebinden.

8. Der Schafstall ist von 24 Gebinden.

... Noch ist das neue Schützenhaus auf diesem Vorwerk"[28.]

Über die Landwirtschaft lässt das Amtserbregister verlauten: „Dieses Vorwerk hat 3 Felder mit (je) 333 Morgen, 7 Quadratruten. Die Erträg-

1. Am Baasee

lichkeit ist 2, 3 auch wohl 4 Korn. Ao. 1700 ist der Anschlag an Aussaat gewesen 6 Wispel Roggen; 3 Wispel, 12 Scheffel Gerste; 2 Wispel, 5 Scheffel Hafer"[28 a] Von der Tierhaltung wird gesagt, dass Sonnenburg wohl 800 Schafe würde halten können, da es aber nur über die Hälfte einer Wiese an der Hechtsee, der Oder zwischen Freienwalde und dem Fährkrug, verfüge, müsse Heu dazugekauft werden und es könnten nur 600 Schafe gehalten werden. Rinder hielt man im Jahr 1700 elf, es hätten aber 60 gehalten werden können, Schweine 30 – 40. Dazu kam noch etwas Federvieh. Imkerei wird nur für Torgelow erwähnt.[28b] Insgesamt umreißt das Amtserbregister Sonnenburg so: „Das Vorwerk Sonnenburg grenzet gegen Morgen mit der Stadt Freienwalde und dem Dorfe Ranft, wie auch mit dem Wriezischen Gaul, so ein Vorwerk. Gegen Mittag mit den beiden Dörfern Biesdorf und Haselberg, bis an den Glutsteig; ist ein Fahrweg nach dem Gesundbrunnen herunter. Denselben Steig entlang, gegen Abend und Mitternacht, bis wieder an das Freienwaldische".[29] Hier ist anzumerken, dass die Sonnenburger Heide nach Aussterben der Uchtenhagen als Jagdgebiet an den Landesherrn zurückfiel und später Königlicher Freienwalder Forst und endlich

Staatsforst wurde. Hier wirkten so bedeutende Forstleute wie *Danckelmann* und *Boden.* Spuren ihrer Arbeit prägen bis heute das vielfältige Gesicht dieses Forstreviers, das zu den interessantesten Deutschlands zählt. Der Große Kurfürst ließ 1664 in der Nähe Sonnenburgs einen so genannten *Wolfsgarten* anlegen. Die dafür notwendigen Arbeiten hatten die Bürger der Städte Wriezen und Freienwalde und die Fischer einiger Oderbruchdörfer zu leisten. Den Wriezenern als Bewohnern einer Immediatstadt scheint missfallen zu haben, wie die Amtsstadt Freienwalde behandelt zu werden, denn am 8. März 1664 werden ihnen 200 Taler Strafe angedroht, worauf „... die ganze Stadt hingereiset und den Garten an Ruten geloset, welcher Garten denn an 106 Ruten gehabt, davon die Stadt Wrietzen zu verfertigen bekommen 40 Ruten, Freyenwalde 31 Ruten, der Kietz und der Tornow vor Freyenwalde 11 Ruten, Lewin, Trebbin und Medewitz, der Kietz und Gaul vor Wriezen 23 Ruten".[30] Noch 1704 haben die genannten Städte und Dörfer die nun *Wolfsgrube* genannte Einrichtung zum Fang und zur Jagd von Raubwild in Ordnung zu halten.[30a]

Schon im 18. Jh. setzten Bemühungen ein, die althergebrachte Landwirtschaft zu reformieren. Im Oberbarnim und dem angrenzenden Oderbruch machte dabei nicht nur Albrecht Daniel Thaer von sich reden. Sonnenburg wurde von diesen vielfältigen Bemühungen offenbar recht spät erfasst. Erst Berghaus' „Landbuch der Mark" weist 1852 deutlich auf inzwischen erfolgte Anpassungen an modernere Wirtschaftsweisen hin: „Sonnenburg liegt in den Freienwalder Bergen, hat stehende Gewässer, wie den sehr fischreichen Schiedel- und den romantischen Baasee, und einen Boden, der hier, wie zu Torgelow vom Sand- bis zum Tonboden wechselt, und dessen Tragfähigkeit sehr gut ist. Man baut in beiden Feldmarken in Schlagwirtschaft Cerealien (Getreide), Knollengewächse, Futterkräuter und Handelsgewächse und setzt die Erzeugnisse auf den Märkten

2. Sonnenburg um 1860 nach hist. Foto

in Wriezen und Freienwalde und selbst in dem 7 Meilen entfernten Berlin unter Benutzung der Berlin-Stettiner Eisenbahn ab. ... Hütung haben Sonnenburg und Torgelow auf eigenem Boden; außerdem wird die Hutgerechtsame im Königlichen Freienwalder und in dem Freienwalder Stadt Forst mit Schafen und Rindvieh immer benutzt. Dieses ist von Oldenburger Race, jene stammen aus der Prillwitzer Schäferei. Das Rindvieh dient zur Milchwirtschaft und auf Futterbau wird vorzüglich Rücksicht genommen. ... Ziegen werden nur wenige von den Büdnern gehalten. Die Gartennutzung ist sehr gut, die Obstbaum-Pflanzung einträglich und meistens verpachtet. In der Waldung von Torgelow wechselt die Kiefer mit der Tanne und Birke ab, und auf Sonnenburger Gebiet kommen zu diesen drei Baumarten noch die Eiche und die Buche, um ein Forstrevier zu bilden, welches eben dieser Mannigfaltigkeit halber und in Verbindung mit dem zerschnittenen Terrain von Berg und Thal in ästhetischer Beziehung zu den schönsten der Mark Brandenburg gehört, ...".[31]

1811 hatte Professor Johann Friedrich Frick Sonnenburg und Torgelow zu guten Konditionen von der Staatsregierung in Erbpacht übernommen. Frick war Kupferstecher und Mitglied der Akademie der Künste. Er hatte durch eigene Erfindungen auf druckgraphischem Gebiet, preußische Finanzformulare verbessert, vielleicht fälschungssicherer gemacht. Er nahm 1812 seinen Wohnsitz in Sonnenburg und baute es, knapp 200 Jahre nach dem Aussterben der Uchtenhagen, wieder zu einem Herrensitz aus. Die Häuser der Hausleute zog er an sich. Statt der Miete mussten die Bewohner 13 Erntediensttage und 39 gewöhnliche Diensttage leisten. Am 27. Januar 1830 erhielten Sonnenburg und Torgelow den Status eines *landtagsfähigen Rittergutes*, solange sie sich un-

3. Sonnenburg 1928 nach hist. Foto

4. Das Herrenhaus 1928
nach hist. Foto

getrennt im Besitze Fricks oder seiner ehelichen Nachkommen befinden würden.[32] Aber schon ab 1836 folgte eine Reihe schneller Besitzerwechsel, die das Gut herunterbrachten, sodass es schließlich unter Sequestration stand.[33] 1852 dann übernahm der Kaufmann Hermann Jung Sonnenburg/Torgelow, trennte aber 1864 Torgelow ab, indem er es an den Rittergutsbesitzer von Jena auf Coethen verkaufte.[34] Wie schon Prof. Frick tat Jung etwas für seinen Besitz. Über sein Wirken schrieb Berghaus: „In Sonnenburg schließt sich ein Park mit vielfacher Blumen-, auch Wein- und Maulbeerbaumzucht an das schlossartige

5. Die Reste des Bunkers

Hauptwohngebäude, das mit einem Uhrturm versehen, fast neu und im Jahre 1852 vom jetzigen Besitzer außen und innen aufs eleganteste geschmückt worden ist. Die meisten Gebäude sind massiv. Mit Umgestaltung der wenigen soliden Gebäulichkeiten in Sonnenburg sowohl, als in Torgelow ist Jung seit Uebernahme der Güter aufs eifrigste beschäftigt gewesen".[35] Der Bericht erwähnt darüber hinaus, dass inzwischen vier Büdnerstellen in Sonnenburg eingerichtet worden waren. Ein extra angestellter Lehrer unterrichtete die Kinder und hielt am Sonntag Andachtsübungen ab. Aus Jung'schem Besitz kam Gut Sonnenburg ab 1878 wieder in wechselnde Hände. Achtmal lösten die verschiedenen Besitzer einander ab, wobei 1924 nicht weniger als 1 Million Goldmark gezahlt wurde,[36] bis 1936 Joachim von Ribbentrop Sonnenburg erwarb. Sohn eines kaiserlichen Offiziers, wurde er 1893 in Wesel als Joachim Ribbentrop geboren. 1914 freiwillig Soldat, versuchte er nach dem I. Weltkrieg als Vertreter der Sektfirma Henkell sein Glück. Das war ihm gewogen: 1920 avancierte er zum Schwiegersohn des Firmenchefs und vertrat Henkell einige Jahre in Großbritannien, Kanada und den USA. 1925 konnte er seinem Namen ein „von" voranstellen, da

6. Das sogenannte Puppenhaus, das Ribbentrop für seine Kinder bauen ließ

7. und 8.
Sonnenburg
heute

ihn eine Verwandte, Gertrud von Ribbentrop, die einem 1884 geadelten Zweig der Familie angehörte, adoptierte.[37] 1932 zog es Ribbentrop in die Reihen der NSDAP. 1933 erfolgte sein Eintritt in die SS. Nachdem Hitler Reichskanzler geworden war, stieg Ribbentrop zu dessen wichtigsten außenpolitischen Berater auf. Nach einer Zeit als Botschafter in Großbritannien wechselte Ribbentrop im Februar 1938 in das Amt des Reichsaußenministers und nahm diesen Posten bis zum April 1945 ein. Bei den Sonnenburgern scheint Ribbentrop durchaus beliebt gewesen zu sein. Alte Sonnenburger erzählten, er habe jedem Haushalt einen

Volksempfänger, ein hinter vorgehaltener Hand „Goebbelsschnauze"
genanntes Radio geschenkt und ein Hitlerbild für die gute Stube. Auch
die auf sein Geheiß veranstalteten Erntefeste erfreuten sich großer Be-
liebtheit.

Der Vollständigkeit halber sei angemerkt, dass, so Zeitzeugen, auch
Albert Speer, Hitlers Baumeister, seine Hand nach einem Teil der schö-
nen Gegenden zwischen Sonnenburg und Altranft ausgestreckt hatte.
Im Winter 1944/45, als Ribbentrop sich vornehmlich in Sonnenburg
aufhielt, um den Bomben auf Berlin zu entgehen, stand auf dem Bahnhof Altranft ein Zug, der die Verwaltung des Außenministeriums beherbergte.[38]

Auch die Ribbentrop-Zeit hat Sonnenburg Spuren eingekerbt. Besonders markant sind die Reste eines vor dem Herrenhaus angelegten Bunkers. Er sollte die Bewohner des Herrenhauses, aber auch die übrigen
Sonnenburger vor den Auswirkungen des Krieges schützen. Sowjeti-
sche Soldaten sprengten ihn 1947, ohne ihn wirklich beseitigen zu können. Auch der heute verwilderte Golfplatz ist ein Erbe aus der Ribbentrop-Zeit, die Ende 1989 ein makaberes Nachspiel hatte: Ribbentrop
hatte 1941 seinen Vater mit großem Pomp im Areal des Gutes bestat-
ten lassen. 48 Jahre später machten Grabräuber sich über die Gruft her
und schreckten nicht einmal davor zurück, Teile des Skeletts zu ver-
streuen.[39]

Am letzten Januartag des Jahres 1945 rückte die Rote Armee über die
Oder vor. Grund genug für Ribbentrop, die lange Wartezeit seines Zu-
ges zu beenden. Im Juni dann wurde er in Hamburg aufgestöbert. Der
Nürnberger Hauptkriegsverbrecherprozess verurteilte ihn 1946 zum
Tode. Trotzdem versuchten seine Erben nach der Wende Sonnenburg
wiederzuerlangen, ohne Erfolg.

Sonnenburg war 1929 eine eigene Gemeinde geworden. 1957 kehrte das
ehemalige Freienwalder Amtsvorwerk als Ortsteil nach Bad Freienwalde zurück. Nach der Enteignung Ribbentrops wurde ein Teil seines
vormaligen Besitzes an Landarbeiter und Kriegsflüchtlinge verteilt.
1953 entstand eine LPG, die sich nach einiger Zeit der in Altranft an-
schloss.

Noch vor den Volkskammerwahlen von 1976 erweckte Sonnenburg
und die herrliche Gegend um den Baasee die Begehrlichkeit des damaligen Ministerratsvorsitzenden Horst Sindermann. Sein Wohn- und

Gästehaus sollte Sonnenburg werden[40]. Das wäre vielleicht noch angegangen, doch der Bevölkerung den Baasee, ein beliebtes Ausflugsziel,
zu entziehen, rief mehr als nur Ärger hervor. Mehr als einer sprach damals davon, nicht zur Wahl gehen zu wollen. Damit waren die SED-
Oberen an einer ihrer empfindlichsten Stellen getroffen und Sindermann, nach der Wahl Volkskammerpräsident, ließ, wenn sicher auch
widerwillig, die Finger von der Sache.
Seit der Wende schreitet der Verfall insbesondere des ehemaligen Herrenhauses voran und das frühere Gut Sonnenburg bietet heute einen
eher traurigen Anblick. Die verschiedensten Nutzungskonzepte waren
seither im Gespräch. Bis heute, im April 2001, ist davon keines zum Tragen gekommen.

Quellen- und Literaturverzeichnis

Freienwalder Totenregister 1598 – 1638
Fontane, Th., Wanderungen durch die Mark Brandenburg, Berlin u. Weimar 1991
Heller, Dr. E., Geschichte der Stadt Freienwalde a. O., Freienwalde. 1896
Podehl, W., Burg und Herrschaft in der Mark Brandenburg, Köln und Wien 1975
Schlimpert, G., Brandenburgisches Namenbuch, Teil 5, Die Ortsnamen des Barnim, Weimar 1984
Schmidt, R., Bad Freienwalde (Oder), Geschichte der Stadt in Einzeldarstellungen, 2 Bde., Bad Frei-
enwalde 1934/35
Schmidt, R., Aus der Pfuelen Land, 1. Bd., Bad Freienwalde 1928
Schmidt, R., Die Sonnenburg, in: Kreiskalender Oberbarnim 1934
Schmook, Dr. R., Ribbentrop in Sonnenburg, in: Freienwalder Kreiskalender 1993

Anmerkungen

1   Schlimpert, S. 235
2   Ebenda, S. 71
3   Podehl, S. 376
4   Ebenda, S. 349
5   Ebenda, S. 374
6   Ebenda, S. 374, (377)
7   Ebenda, S. 377
8   Ebenda, S. 377/378
9   Schmidt, Bad Frw., Bd. 1, S. 29
     Derselbe, Pfuelenland, Bd. 1, S. 249
10 Heller, S. 19/20
11 Schmidt, Pfuelenland, Bd. 1, S. 35
12 Schmook, S. 15
13 Fontane, 2. Teil, Das Oderland, S. 92
14 Totenregister 80/1598 (erste Erwähnung *der Sonnenburgk* im Register)
15 Ebenda 27/1605
16 Schmidt, Bad Frw., Bd. 1, S. 28
17 Podehl, S. 381
18 Heller, S. 106
19 Schlimpert, S. 235

20   Schmidt, Die Sonnenbug, S. 61
21   Totenregister 6/1617
22   Ebenda 2/1607
23   Schmidt, Bad Frw., Bd. 2, S. 3
24   Totenregister 26/1628 (Bereits 48/1612 wird *Thewß Elßholtz* als *des von*
     Vchtenhagenß Ochsen Junge erwähnt, kann aber nicht eindeutig dem
     Meyerhof Sonnenburg zugeordnet werden.)
25   Schmidt, Die Sonnenburg, S. 61
26   Derselbe, Bad Frw., Bd 1, S. 172
27   Totenregister NB/1611
28   Schmidt, Pfuelenland, Bd. 1, S. 37
28a Ebenda
28b Ebenda
29   Ebenda
30   Derselbe, Die Sonnenburg, S. 61
30a Derselbe, Bad Frw., Bd 1, S. 175
31   Schmidt, Pfuelenland, Bd. 1, S. 41
32   Ebenda, S. 39
33   Ebenda, S. 40
34   Ebenda
35   Ebenda, S. 42
36   Ebenda
37   Schmook, S. 17
38   Ebenda, S. 18
39   Ebenda, S. 19
40   Ebenda

Studien zur Geschichte von Neuhardenberg

Band 1
Eckart Rüsch: Die Baugeschichte von Neuhardenberg (Quilitz) 1793 bis 1814. Märkische Landbaukunst und Frühwerke Karl Friedrich Schinkel; Petersberg 1997.

Band 2
Christian und Walburg Kupke: Schulgeschichte eines märkischen Dorfes in Wort und Bild; Petersberg 1998.

Band 3
Dietbert Lang und Horst Materna: Der Flugplatz Neuhardenberg, Marxwalde, Neuhardenberg. Vom geheimen Einsatzhafen des Dritten Reiches zum Regierungsflugplatz der DDR; Berlin 1998.

Band 4
Fred Nespethal: Erlebtes und Aufgeschriebenes aus dem 19. Jahrhundert. Nach Tagebuchaufzeichnungen von Christian Petersdorff, Neu Hardenberg; Petersberg 1999.

Band 5
Annett Gries und Klaus-Peter Hackenberg: Von der gewachsenen Struktur zum gestalteten Ensemble: Quilitz, Marxwalde, Neuhardenberg. Zur Geschichte und Gestalt einer märkischen Kulturlandschaft; Petersberg 1999.

Band 6
Dietmar Zimmermann: Aus der Postgeschichte Neuhardenbergs (Marxwalde) und die Postagenturen im Landkreis Märkisch-Oderland; Petersberg 2000.

Band 7
Frank Munzig und Dietmar Zimmermann: 10 Jahre Neuhardenberg, kurzer geschichtlicher Rückblick; Petersberg 2001.

Band 8
Gerd-Ulrich Herrmann, Fred Nespethal und Ulrich Pfeil: Märkische Herrensitze im Wandel der Zeiten, Neuhardenberg, Gusow, Friedersdorf und Sonnenburg; Petersberg 2002